BIBLIOTHÈQUE D'ÉTUDES SOCIALISTES

VII

JULES GUESDE

Quatre ans de lutte de classe

À LA CHAMBRE

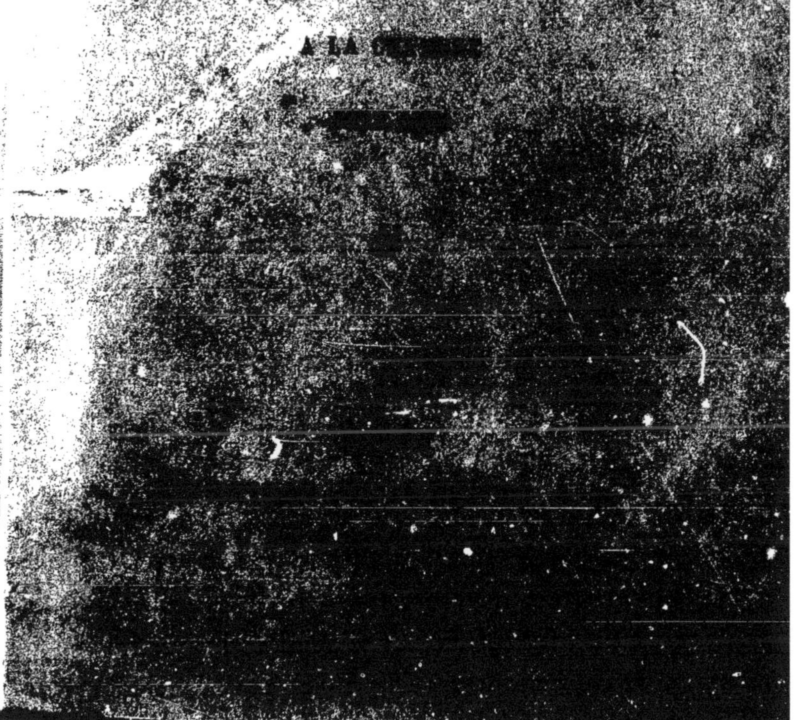

Quatre ans

de lutte de classe

BIBLIOTHÈQUE D'ÉTUDES SOCIALISTES

VII

JULES GUESDE

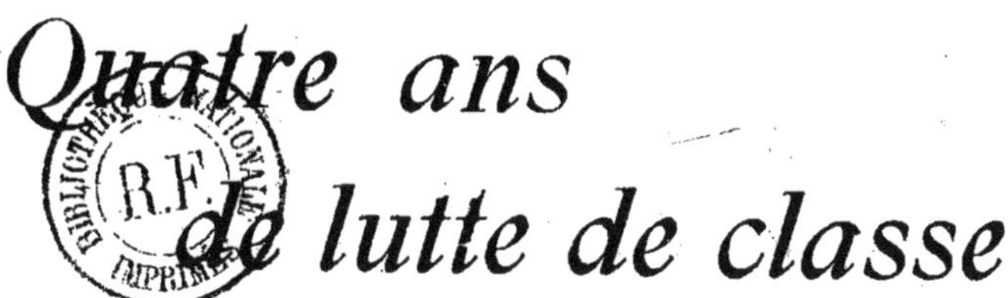

Quatre ans de lutte de classe

À LA CHAMBRE

1893-1898

II

PARIS

LIBRAIRIE G. JACQUES & Cie

1, RUE CASIMIR-DELAVIGNE, 1

1901

SOCIALISME RÉVOLUTIONNAIRE
ET SOCIALISME CHRÉTIEN

JULES GUESDE. — J'ai été mis, ou plutôt le parti de la Révolution sociale, comme nous a appelés M. de Mun, a été mis en cause à propos d'une loi protectrice du travail des femmes et des enfants, alors que l'interpellateur, M. de Mun lui-même, a été obligé de constater que, dans les mesures visant cette protection, indispensable pour lui comme pour nous, il y avait plutôt solidarité d'opinions qu'antagonisme.

M. de Mun est venu ici faire, aux applaudissements de cette majorité républicaine qu'il a combattue autrefois... (*Applaudissements à l'extrême-gauche. — Interruptions au centre.*)

GUSTAVE ROUANET. — Oui, messieurs du centre, c'est votre chef! (*Bruit.*)

JULES GUESDE. — ... le procès à une doctrine que l'on tend de plus en plus à mettre hors la loi.

Je regrette pour lui les applaudissements venus du centre, et je regrette pour le centre les applaudissements qu'il a dû donner à M. de Mun (*inter-*

ruptions au centre), parce que, ici et là, des deux côtés, vous êtes obligés, et vous l'avouez devant le pays, d'abandonner ce qui vous séparait et ce qui devrait encore vous séparer, pour former contre nous une coalition que vous ne sauriez expliquer. (*Applaudissements à l'extrême-gauche. — Mouvements divers.*)

Pour essayer de la justifier, M. de Mun a été obligé de dénaturer non seulement notre propagande dans le pays, mais les paroles mêmes que j'ai apportées à cette tribune il y a quelques instants. M. de Mun a dû me transformer en antiréformiste, — alors que tout ce que j'ai dit, il y a une heure, était contradictoire avec les idées qu'il me prête, — prétendant que j'avais condamné toute réforme, que j'avais exclu la possibilité pour l'ordre actuel d'améliorer dans une certaine mesure les conditions du travail pour la femme ouvrière et pour l'enfant.

Or, je n'accepte pas cette accusation-là. (*Applaudissements à l'extrême-gauche.*) Je dis qu'elle est toute gratuite. Je dis que si en France on s'occupe du travail, que si l'on cherche à faire intervenir des lois de protection dans l'atelier, c'est grâce au parti ouvrier, au parti socialiste, à l'agitation collectiviste que nous avons portée depuis quelques années d'un bout à l'autre du pays. (*Nouveaux applaudissements à l'extrême-gauche.*)

Alors, je ne comprends pas, monsieur de Mun, la confusion que vous avez essayé d'établir, pour recueillir les applaudissements de la majorité, entre la société nouvelle, qui n'est pas du ressort parlementaire, et les réformes immédiates, que non seulement la Chambre peut faire, mais qu'elle nous doit.

Il n'existe pas un programme socialiste qui ne soit doublé de réformes, que nous exigeons, non pas pour demain, mais pour aujourd'hui même.

Cette législation industrielle dont on essaye de se faire une arme contre nous, mais elle est sortie, article par article, de tous les congrès ouvriers socialistes tenus en France et ailleurs depuis et avant la Commune.

Tout à l'heure, vous invoquiez la conférence internationale de Berlin. Et à qui en faisiez-vous hommage? A l'empereur allemand, alors que vous ne pouvez pas ignorer qu'elle n'est pas d'initiative impériale, qu'elle a été imposée à Guillaume par les progrès irrésistibles, par la poussée victorieuse de la démocratie socialiste, c'est-à-dire des collectivistes d'outre-Vosges. (*Très bien! très bien! à l'extrême-gauche.*)

Cette conférence n'a rien à voir avec les partis réactionnaires dont vous êtes et que vous représentez ici. C'est notre œuvre à nous, le premier aboutissant de longs efforts, qui nous ont donné, ce jour-là, la mesure de la puissance déjà acquise par le prolétariat organisé de la vieille Europe.

Si vous aviez été, comme vous le prétendez,

vous et les vôtres, les vrais pères d'une législation protectrice du travail, est-ce que vous auriez attendu l'apparition du collectivisme, la constitution des prolétaires en parti politique de classe pour aborder cette réforme? Non! le passé vous appartenait; il était à vous tout entier et à vous seul. Qu'en avez-vous fait, messieurs les chrétiens? Dix-huit siècles, vous avez été les maîtres du monde; vous l'avez dominé dans son cerveau et dans sa puissance politique. Votre pape a marché sur la tête des rois et des empereurs. Dix-huit siècles, vous avez pu pétrir l'humanité à votre guise; et loin de l'avoir affranchie, vous n'avez même pas su lui créer un abri contre les crises fatales qui l'attendaient, la préparer à cette transformation industrielle qui s'opère depuis un siècle et devait être, pour le plus grand nombre, si douloureuse et si meurtrière. C'est les mains vides que vous vous présentez. (*Applaudissements à l'extrême-gauche.*)

Vous êtes le parti de l'impuissance! l'histoire tout entière le crie...

M. Lemire. — Et le treizième siècle?

Jules Guesde. — ... Et lorsque vous reparaissez de temps à autre, ce n'est pas du côté des ouvriers décidés à se sauver eux-mêmes, c'est contre eux que vous intervenez!

Eh bien! je suis satisfait pour ma part que, pour la première fois que vous prenez la parole dans cette législature, ce soit contre nous; que vous opériez votre rentrée, non pas pour le prolétariat souffrant et militant, mais contre lui (*Nouveaux applaudissements à l'extrême gauche. — Réclamations à droite*), et que vous veniez, contre nous, lui affirmer que l'ordre social d'aujourd'hui, que vous avez combattu, vous et les vôtres, pendant si longtemps au nom de l'ancien régime, que cet ordre capitaliste est éternel, qu'il ne peut pas être modifié, qu'annoncer seulement qu'il est une période, une étape dans l'évolution humaine, constitue un crime ; — car vous nous avez fait un véritable crime de nous en prendre au régime lui-même et de proclamer l'irresponsabilité absolue des individus. Et, après cela, vous avez essayé de mettre sur notre dos, à notre charge, les révoltes individuelles et les explosions qui peuvent se produire.

Pourtant, il n'y a que deux responsabilités, entre lesquelles il faut choisir : ou la responsabilité du régime, ou la responsabilité des individus. Nous sommes, nous, pour la responsabilité du régime, ce qui décharge d'autant les individus et leur crée, dans leur personne, un maximum de sécurité jusqu'au jour d'une transformation qui ne touchera qu'à leurs biens. (*Mouvements divers.*)

Que vous le vouliez ou non, du moment qu'à la responsabilité du régime — que vous refusez d'admettre — vous substituez la responsabilité des individus, vous ouvrez le recours à l'action, à la justice individuelle ; c'est-à-dire que si je voulais, à votre suite, entrer dans la voie des procès de tendance, si je voulais retourner contre vous les républicains du centre qui vous applaudissaient tout à l'heure, je serais autorisé à vous accoler aux tenants de l'anarchisme, à rattacher vos doctrines à la propagande par le fait. (*Rires ironiques à droite.— Applaudissements à l'extrême-gauche.*)

Ce n'est pas la volonté de M. de Mun que j'incrimine, ce sont les conséquences de ses théories, qui concluent à une solution de même nature pour la question sociale et pour le problème politique.

Pour M. de Mun et ses coreligionnaires de la droite, la solution du problème politique, c'était un bon roi. Inutile, une Constitution; inutiles, les Droits de l'homme! les droits de Dieu, incarnés dans un souverain de droit divin, suffisaient. (*Applaudissements à l'extrême-gauche.*)

M. LA ROCHEFOUCAULD, DUC DE DOUDEAUVILLE. — C'était une bonne chose!

JULES GUESDE. — Le bon roi était la vraie, l'unique solution gouvernementale. Vous l'avouez, et je ne puis que prendre acte de votre aveu.

Et, de même aujourd'hui, la solution du problème social, c'est, pour vous, le bon patron. C'est là le fond, l'essence de ce qu'on a pu appeler le socialisme chrétien. Seulement vous ne paraissez pas vous douter que le bon patron a un corollaire, un envers, le mauvais patron, et qu'à celui-là, que vous proclamez responsable, l'ouvrier va pouvoir, que dis-je? va devoir demander compte de ce que M. de Mun dénonçait comme les abus du régime capitaliste.

Et voilà immédiatement et nécessairement la guerre allumée ; voilà les prolétaires se dressant devant leur employeur qu'ils jugent, et lui disant: « Tu n'es pas le bon patron que nous ont promis les socialistes chrétiens (*Applaudissements à l'extrême-gauche*) ; tu es le mauvais patron, d'autant plus responsable que tu étais libre, qu'il n'existe pas de fatalités économiques pesant sur toi et te faisant violence, et que si nous avons faim, si nos femmes souffrent et nos enfants, c'est toi qui l'as voulu, qui es l'auteur de tous nos maux. » De là à frapper, à se faire justice soi-même, il n'y a qu'un pas.

Voilà cependant où vous, les hommes d'ordre, vous entraînez, vous acculez l'esprit et le bras ouvriers.

J'ai dit, non seulement aujourd'hui, mais toujours, non seulement ici, mais partout, que nous sommes un parti de réformes en même temps qu'un parti de transformation ou de révolution sociale. J'ai dit — et mon intervention dans la discussion générale du projet de loi à l'ordre du jour l'a surabondamment établi tout à l'heure — que nous prêtions une telle valeur à la réglementation du travail industriel que nous ne voyons pas de besogne plus urgente que d'introduire dans cette réglementation des clauses et des sanctions qui en assurent le plein effet. Et lorsque, contre toute évidence, vous nous accusez de nous désintéresser de l'allègement, si minime soit-il, qu'il est dès aujourd'hui possible d'apporter à la servitude prolétarienne, je dis qu'il vous est interdit de tenir un pareil langage ; — ou vous pourriez aussi bien, tombant au rang des plus bas calomniateurs, nous accuser de pousser à la misère ouvrière, de vouloir l'intensifier, comme productrice de révolutions, alors qu'au contraire je n'ai pas écrit une ligne, je n'ai jamais prononcé une parole depuis vingt ans qui ne soit une protestation indignée contre cette prétendue genèse révolutionnaire.

Non, nous ne comptons, nous n'avons jamais compté que sur le bien-être accru des travailleurs, sur la liberté relative conquise par eux jour par jour, pour les amener à devenir les instruments conscients et capables de leur émancipation intégrale et définitive. (*Très bien ! très bien! à l'extrême-gauche.*)

La misère, la surmisère surtout, elle ne fait que des mendiants ou des anarchistes. (*Très bien ! sur les mêmes bancs.*) Le mieux-être, les courtes journées de travail, voilà ce qui fait les socialistes, et j'ajouterai les révolutionnaires. C'est pourquoi nous attachons tant d'importance à une législation sérieuse des fabriques, que pour la dixième fois nous vous réclamons — et que vous allez peut-être nous refuser une fois de plus. (*Applaudissements à l'extrême-gauche.*)

Mais ce n'est pas seulement notre attitude comme parti socialiste qu'a prise à partie M. de Mun ; il a essayé de critiquer notre critique de la société actuelle.

Il est venu ici, lui, l'homme du régime féodal ; lui, l'homme de la propriété corporative, de l'organisation corporative, lui, l'homme qui a toujours considéré comme une défaite, au moins momentanée, pour les idées qu'il soutient, la loi Chapelier et l'ensemble de la révolution libérale ou individualiste de 1789 ; et prenant à son compte le présent ordre économique, cet ordre bourgeois qui doit être bien étonné de le trouver parmi ses défenseurs (*Rires et applaudissements à l'extrême-gauche*), il est venu nous dire : Le régime capitaliste est un régime définitif, parfait, — pourquoi pas de droit divin ? — et la critique qu'en font les socialistes ne porte pas, elle est caduque.

Et qu'a-t-il donné comme exemple ? S'adressant à la théorie de la plus-value de Karl Marx, il a essayé non pas théoriquement, mais par des faits de vous en montrer le mal fondé. Il vous a dit : Ce capital que l'on transforme en vampire, ce capital qui ne représenterait que du travail mort se développant aux dépens du travail vivant, vous oubliez que, loin de prendre au travail, il est obligé de lui faire des avances sous la forme de salaire.

Le capital faisant des avances au travail, monsieur de Mun! Et moi qui m'imaginais, au contraire, que la marchandise-travail était la seule qu'on ne payât jamais comptant! Moi qui croyais que, dans toutes les usines de France, ouvriers et ouvrières étaient condamnés à fournir au capital huit jours, quinze jours et quelquefois un mois de travail d'avance! (*Applaudissements à l'extrême-gauche.*)

Renversant les rôles, monsieur de Mun, vous nous avez donné le capital — véritable petit manteau bleu — comme allant au-devant des prolétaires, leur avançant pain, logement et autres moyens d'existence, alors que partout ce sont les prolétaires qui sont malgré eux — et gratuitement — les banquiers du capital. (*Nouveaux applaudissements.*)

M. FERNAND DE RAMEL. — Et le capital de l'outillage, qui est-ce qui en fait l'avance?

JULES GUESDE. — Vous avez ajouté : « Les profits du capital, que les socialistes dénoncent comme du travail non payé, représentent la rémunération du travail directif, ils représentent les frais généraux et les ressources nécessaires au développement de l'entreprise. Qu'on additionne tous ces frais divers avec les salaires ouvriers, et — retrouvant de la sorte la totalité du produit — on devra se convaincre que tout prélèvement sur le travail est un mythe et que le socialisme, par suite, trompe indignement les masses. »

Vous avez affirmé, mais vous n'avez pas prouvé. Où et quand aurions-nous prétendu que le travail directif ou le travail plus particulièrement intellectuel ne devait pas recevoir sa part du produit auquel il a collaboré ? Où et quand, d'autre part, avons-nous compris dans les profits — en tant que travail non payé — les frais généraux et autres dépenses essentielles ?

Je voudrais que M. de Mun s'expliquât sur le *surplus* qui reste après toutes ces dépenses organiques payées, frais généraux, salaires, fonds de réserve, etc. ; je voudrais qu'il m'indiquât en quoi les actionnaires d'un chemin de fer, par exemple, qui ne sont pas sans toucher des dividendes, ont collaboré sous une forme quelconque au fonctionnement, à la mise en valeur des voies ferrées. Je vois bien, concourant à une œuvre commune, les ingénieurs, les chefs de gare ; je vois les administrateurs, les chauffeurs-mécaniciens et les graisseurs de roues ; mais l'actionnaire, encore une fois, où le trouvez-vous ? (*Applaudissements à l'extrême-gauche. — Interruptions à droite.*)

Et vous oseriez soutenir contre nous que les centaines de millions de dividende ainsi distribués chaque année aux plus oisifs des propriétaires ne représentent pas le travail d'autrui, ne sont pas un prélèvement sur le produit du travail des non-possédants, des serfs de la voie ferrée, pour les appeler par leur nom ?

Mais quittons les chemins de fer ; descendons dans les puits à charbon, dans ces mines du Nord qui étaient, hier encore, représentées par un de leurs plus gros actionnaires dans cette Chambre et à la présidence de la République.

Lorsque vous aurez réussi à m'exposer quel genre de travail, intellectuel, administratif ou autre, les porteurs de deniers d'Anzin ont produit à l'appui des tonnes d'or qu'ils se partagent, je pourrai alors — mais seulement alors, monsieur de Mun — m'incliner devant votre critique de la critique socialiste. Mais vous savez aussi bien que moi que ces porteurs de deniers ne concourent même pas, n'ont pas même le droit de concourir à la nomination de la Régie, qui se recrute elle-même; ils n'ont même pas à exécuter ce genre de travail qui consiste à élire tous les dix ou vingt ans un administrateur en remplacement d'un membre de la Régie démissionnaire ou décédé. Ils sont donc non seulement en dehors des fosses, en dehors de l'administration, mais ils ne participent même pas, par voie de mandataires, à la direction de l'entreprise. Et vous viendrez nous dire que les millions distribués annuellement entre les porteurs de deniers d'Anzin peuvent représenter autre chose que du travail non payé aux pauvres, pauvres mineurs, dont la misère est faite de ces fortunes constituées pour quelques inutiles, quand ce n'est pas la mort au fond des fosses qu'elles ont entraînée pour eux et les leurs ? (*Applaudissements à l'extrême-gauche.*)

Non, dans votre intérêt, ne faites pas, au moins sous cette forme, la critique de notre critique sociale.

Vous avez, il est vrai, essayé de renforcer votre argumentation en invoquant les risques. Certes, ils existent pour les capitalistes individuels avec la production parcellaire et concurrentielle d'aujourd'hui ; à côté d'établissements qui prospèrent, on en compte d'autres qui sont amenés à disparaître. Mais ces risques, inhérents à l'anarchie économique actuelle, n'existent que pour les individus ; ils n'empêchent pas que, si vous prenez une industrie dans son ensemble, elle donne, elle, — et elle ne peut pas ne pas donner, — toujours et nécessairement un bénéfice général.

Impossible d'élever la moindre contestation à ce sujet. Aucune industrie n'échappe à ce qui est la raison même de toute industrie dans une société à production marchande, où on ne produit que pour le profit.

A propos des mines, on a parlé tout à l'heure d'un total de 33 millions de dividendes répartis en une année entre les actionnaires, et l'on a semblé dire : 33 millions, qu'est-ce que cela ?

Ce n'est pas la première fois que j'entends raisonner de la sorte. Il y a quelques années, c'était un ingénieur, M. Pernolet, qui, pour persuader aux ouvriers du dessous qu'ils n'étaient pas si exploités que le leur contaient les méchants socialistes, se livrait à un calcul d'après lequel le prélèvement opéré par mineur ne dépasserait pas 30 centimes par jour, — le prix d'un bock sur les boulevards, — et il demandait : « Trente centimes par jour ! est-ce que réellement cela vaut la peine qu'on s'indigne ? »

M. l'ingénieur n'avait pas l'air de se douter que ces 30 centimes, multipliés par le père et deux ou trois enfants et par trois cents jours par an en moyenne, représentent au foyer familial, où manquent le plus souvent les choses les plus indispensables, une amélioration qui n'est pas à dédaigner.

A ces 33 millions, d'ailleurs, qui ont servi d'argument contre nous, je demande à en opposer d'autres. Puisqu'on a parlé chiffres, continuons la conversation.

D'un des bilans des mines de Montrambert que j'ai eu sous les yeux, il résulte que certaines années le produit net a dépassé 5 millions. Eh bien ! sur ces 5 millions, s'imaginerait-on quelle somme est allée en salaires aux ouvriers, aux ingénieurs et aux administrateurs ? 900 et quelques mille francs à peine ! Le reste, c'est-à-dire plus de quatre millions, transformés en dividendes, était allé aux seuls actionnaires. Ce qui revient à dire que les socialistes, lorsqu'ils affirment qu'en régime de salariat... (*Interruptions sur divers bancs au centre et à droite.*)

Si vous contestez mes chiffres (1), je suis prêt à vous produire le bilan d'où je les ai extraits.

Lorsque, dis-je, comme nous le reproche M. de Mun, nous disons aux ouvriers qu'en régime de salariat ils ne travaillent que moitié de la journée pour eux et l'autre moitié pour le patron, nous nous trompons. Il existe — Montrambert le prouve — certaines industries, certaines entreprises dans lesquelles le prélèvement, la dîme capitaliste est non pas de la moitié, mais des quatre cinquièmes, c'est-à-dire quatre fois plus spoliatrice que l'ancienne dîme féodale !

A quelles conclusions, du reste, voulez-vous en venir ? à celle-ci, que la dîme capitaliste étant inférieure à ce que la chiffrent les socialistes, il n'y aurait pas lieu de la supprimer ?

C'est bien là votre pensée de derrière la tête. Et je vous répondrai alors : A-t-on calculé, à la

(1) A ces chiffres, cités de mémoire par Guesde, M. Aynard en a opposé d'autres. En sa qualité d'ancien administrateur de la Société de Montrambert, il a fixé à 3 millions 400 mille francs la part des actionnaires, et à 3 millions 200 mille la part des ouvriers, au nombre de 2,600. Soit ! Loin d'entamer la thèse de l'élu de Roubaix, cette prétendue rectification lui apporte la plus officielle des confirmations, puisque, de l'aveu du capitalisme fait homme et député, le profit ou prélèvement capitaliste ressort à plus de 50 pour cent. Chaque ouvrier n'a pu produire pour lui-même 1,230 fr. qu'en produisant pour l'actionnaire 1,307 fr. Avec la journée de dix heures, il a travaillé 5 heures 50 minutes pour lui et 10 *gratuitement* pour le détenteur oisif de la mine.

fin du siècle dernier, ce que représentait la dîme féodale? S'est-on demandé si elle était réellement écrasante? Nullement. De partout on est allé sans hésiter à la Révolution, au cri de : A bas les droits féodaux! Pourquoi les prolétaires n'iraient-ils pas, eux aussi, à leur révolution, quel que puisse être l'état, le taux de la dîme capitaliste, en criant : A bas les droits capitalistes? (*Très bien! très bien! à l'extrême-gauche.*)

M. Lemire. — Quel est votre système, monsieur Guesde?

Jules Guesde. — Après avoir fait la critique de notre critique sociale, M. de Mun nous a pris à partie relativement à l'ordre collectiviste ou communiste, — comme vous voudrez, — dont il a placé le berceau, avec notre consentement et au milieu de nos applaudissements, au mouvement des Egaux, à la conjuration de Babeuf. Et il nous a dit : « Votre société collectiviste, comment pourrait-elle fonctionner? Quelle amélioration pourrait-elle apporter aux travailleurs des différentes conditions? » Il nous a reproché de ne pas arriver avec un menu tout préparé, déterminant et nourriture, et logement, et vêtements dans la société de demain.

Vous nous demandez d'entrer à nouveau dans la voie des utopies où se sont perdus pendant des années les précurseurs du socialisme scientifique, qui construisaient ou reconstruisaient des sociétés idéales sur la mesure de leur cerveau ou de leurs désirs, tenus pour le cerveau ou les désirs communs de l'espèce.

Cette période est loin, heureusement! Les socialistes d'aujourd'hui se sont mis à l'école des faits; ils ne prophétisent pas, ils observent et concluent.

Notre collectivisme est né de la société actuelle, qui devient de plus en plus collectiviste. Nous n'avons fait que constater cette transformation incessante, de même que nous avons dû constater la disparition, qui s'achève, de cette propriété individuelle que vous avez toujours devant les yeux et dont vous ne pouvez attendre la résurrection que d'un miracle, — auquel nous ne croyons pas, nous autres, — la technique industrielle ne laissant plus place à l'outil possédé individuellement, et individuellement mis en valeur par son propriétaire.

Vous vous refusez à voir le monde nouveau qui se constitue, le bouleversement qui s'est opéré, la révolution en réalité qui s'est faite dans l'ordre économique, avec la production collective entraînant l'appropriation collective des moyens de production. (*Interruptions.*)

Comment nier que le salariat ne puisse disparaître que d'une seule façon, lorsque les travailleurs seront les maîtres, les propriétaires des moyens de production ? Il n'est pas d'autre solution au problème social.

Vous-même, à qui j'entends prononcer le mot

de coopération, ne vous rendez-vous pas compte que la coopération est un commencement, un rudiment du collectivisme? N'apercevez-vous pas qu'entre la coopération, telle qu'elle fonctionne aujourd'hui, et le collectivisme, tel qu'il fonctionnera demain, il n'y a qu'une différence de degré, d'étendue? Ici une combinaison particulière, locale, fractionnelle; là une combinaison générale, mais sur la même base.

La coopération, en effet, fait disparaître, lorsqu'il s'agit de coopérative de production, l'antagonisme qui existe entre l'employeur et l'employé. Les travailleurs qui mettent en valeur l'usine ne font qu'un avec les propriétaires de l'usine. Lorsqu'il s'agit de coopérative de consommation, même suppression de l'antagonisme qui existe entre le vendeur et l'acheteur. Eh bien! le collectivisme, qui supprimera toutes les causes d'antagonisme entre les hommes, n'est que cela : une immense coopérative...

M. Lemire. — Dans le collectivisme, c'est l'État qui est propriétaire.

Jules Guesde. — On me dit : « C'est l'État! » Je ne sais pas ce que c'est que l'Etat. L'Etat, c'était Louis XIV au dix-septième siècle; l'Etat, c'est vous aujourd'hui; l'Etat, ce sera autre chose demain. (*Mouvements divers.*)

Etrange spectacle, en vérité! On nous reproche tous les jours de vouloir en finir avec la propriété; c'est là le grand cheval de bataille enfourché contre nous à droite, au centre, voire à gauche. La propriété qui est la liberté, qui est la civilisation, qui est tout ce qu'il y a de bon et de beau, nous ne pensons qu'à la détruire, c'est entendu. Et lorsque nous venons à vous et que nous vous crions : « Quelle erreur est la vôtre ! nous voulons au contraire que tout le monde soit propriétaire ! » (*Exclamations à droite.*) Vous vous exclamez. Et pourquoi ? Parce que cette propriété, nous la voulons pour tous, dans les seules conditions que permette la production moderne. (*Très bien ! très bien ! à l'extrême-gauche.*)

On ne peut pourtant pas avoir la prétention de posséder individuellement un chemin de fer, une mine, un haut fourneau, une raffinerie ! Ce n'est pas nous qui avons condamné la forme individuelle de la propriété; c'est le machinisme, ce sont les forces productives gigantesques déchaînées par la science. Et lorsque nous affirmons que, pour s'affranchir, les travailleurs doivent devenir propriétaires des instruments et de la matière de travail sous la seule forme qui ne soit pas aujourd'hui une utopie, la forme collective ou sociale, vous nous répondez que ce n'est pas possible.

M. Lemire. — Nous ne disons pas cela.

Jules Guesde. — Non ! ce n'est pas impossible ; c'est au contraire très facile, bien plus facile que de reconstituer cette propriété corporative, dont M. de Mun a parlé incidemment, sans oser appuyer, dans la crainte de soulever, parmi ceux qui l'applaudissaient le plus, des protestations unanimes.

Oui, la propriété collective ou sociale est possible et nécessaire comme couronnement et comme correctif de la propriété capitaliste d'aujourd'hui, tandis que la propriété corporative ne saurait plus trouver place dans la société moderne, étant donnés les nouveaux moyens de production qui tendent de plus en plus à transformer les hommes en simples manœuvres, également aptes à tous les travaux, aujourd'hui dans une usine à fer, demain dans un tissage, après-demain dans une raffinerie, un autre jour dans une autre branche d'industrie encore, le travail technique, qui n'est plus accompli par l'homme, mais par la machine...

M. Balsan. — Jamais il n'y a eu plus de travail technique qu'aujourd'hui !

Jules Guesde. — ..... rendant ainsi chimériques les organisations à frontières fermées. Ici encore, pour la propriété corporative comme pour la propriété individuelle, ce n'est pas nous qui condamnons ; c'est une forme épuisée qui se condamne elle-même parce que, encore une fois, il ne saurait y avoir de corporations dans le vrai sens du mot, là où il n'y a plus, où il y aura de moins en moins de technicité ouvrière.

M. Lemire. — Et la verrerie aux verriers!

Jules Guesde. — Nous ne faisons toujours que

conclure et quand nous avons conclu, comme seule et nécessaire solution, à la propriété pour tous par l'appropriation sociale, ce qu'on a encore appelé la souveraineté économique de tous, on nous objecte : « Mais comment cette souveraineté ou propriété nationale pourra-t-elle fonctionner ? » L'objection n'était pas différente lorsqu'il s'est agi d'attribuer à la nation la souveraineté politique. On s'écriait : Mais comment le peuple pourra-t-il assurer la gestion gouvernementale d'un pays ? C'est de ce côté (*la droite*) que venait l'objection.

En dehors du roi, de la famille royale, des classes privilégiées, nobles et prêtres, venus au monde avec un diplôme gouvernemental en poche, comment des roturiers, des bourgeois, seraient-ils capables de gouverner, d'administrer, de représenter la France à l'étranger? Aujourd'hui encore, en 1896, il y en a qui n'ont pas cessé de penser qu'on ne peut faire un bon diplomate qu'avec un ci-devant. (*Interruptions à droite.*)

Malgré cela, en 1789, on est allé de l'avant. Si incapable qu'on la proclamât, la bourgeoisie a pris le pouvoir et elle ne s'en est pas plus mal tirée que les dirigeants à parchemins et à particules qui l'avaient précédée au gouvernement. La nation, à son tour, avec le suffrage universel, a pris possession de sa souveraineté politique, dont elle a appris à se servir en l'exerçant. (*Très bien! très bien! à l'extrême-gauche.*)

Il n'en sera pas autrement de sa souveraineté économique, que le peuple travailleur mettra plus facilement encore en valeur, parce que, si l'ignorance politique des classes ouvrières écrasées par le surtravail était un fait incontestable en 1848, si le suffrage universel a mis, par suite, si longtemps à devenir un instrument éclairé entre les mains des masses conscientes, la situation est toute différente au point de vue économique. Sur le terrain de la production, du travail, les travailleurs en savent aujourd'hui autant que le patron et, en tout cas, beaucoup plus que les actionnaires. (*Applaudissements à l'extrême-gauche.*) Il y a là une préparation, un entraînement, une éducation qui n'est plus à faire, qui est faite.

Et quand vous demandez comment les chemins de fer pourront fonctionner, emportant hommes et choses ; comment les mines pourront continuer à livrer leur diamant noir, quand il n'y aura plus d'actionnaires ; comment raffineries, tissages, hauts-fourneaux, filatures, poursuivront leur marche, lorsque les actionnaires ou les commanditaires auront été supprimés, non pas en tant qu'hommes, mais comme titulaires d'une propriété à laquelle ils sont de plus en plus étrangers, votre question ne tient pas debout. Loin que nous soyons, de ce chef, des utopistes, c'est vous qui dépassez les limites de l'utopie en dirigeant contre nous de pareilles critiques.

C'est pourtant tout ce qu'a su faire M. de Mun, lorsqu'il nous a sommés de le transporter au sein du futur état de choses et de faire fonctionner sous ses yeux la répartition du travail dans cette société de copropriétaires.

Je ne lui donnerai pas cette satisfaction, ni mes amis non plus. Les ouvriers n'en demandent pas autant. Il leur suffit de savoir que, comme les actionnaires d'aujourd'hui, ils auront la libre disposition d'eux-mêmes et feront eux-mêmes leurs destinées, sans que nous ayons la prétention de nous substituer à eux.

Nous nous bornons à constater que les produits du travail n'appartiendront, sans prélèvement, aux travailleurs qu'autant que ces derniers auront cessé d'être des prolétaires pour devenir des copropriétaires des moyens de production.

Là où le moyen de production est encore à un état suffisamment rudimentaire pour être mis en valeur par son propriétaire, nous nous inclinons devant cette propriété réellement individuelle que l'on nous accuse stupidement de menacer. (*Rumeurs diverses.*)

Je ne comprends rien à ces murmures. Si vous étiez plus au courant de ce qu'on a appelé la littérature socialiste, vous sauriez que jamais, dans cette question, le socialisme n'a varié. Ce qu'il a dit, c'est que là — et là seulement — où la production a revêtu une forme collective, il y a lieu à appropriation sociale. Donc, pas de spoliation, mais, au contraire, maintien de la propriété réellement personnelle existante, ou création, pour les sans-propriété d'aujourd'hui, de la copropriété de demain. Nous sommes aujourd'hui le seul parti plus que défenseur, créateur de la propriété pour tous. (*Exclamations ironiques au centre et à droite.*)

Vous, Messieurs, vous n'admettez la propriété que pour vous-mêmes. Vous êtes restés fidèles à votre passé. De même qu'autrefois vous étiez les hommes du cens, entendant monopoliser au profit de votre classe le pouvoir politique, vous êtes aujourd'hui les hommes de la propriété capitaliste, c'est-à-dire de la propriété réservée à vous et aux vôtres.

Nous, après avoir été les hommes du suffrage universel, nous sommes — et pour la même raison — les hommes de la propriété collective ou universelle. (*Interruptions.*)

Voix diverses. — Et aussi de la propriété individuelle !

Jules Guesde. — Messieurs, je n'ai pas l'habitude de modifier mes théories ou mes explications suivant les milieux, ayant un langage pour la Chambre et un autre pour le dehors ; et pour ne pas laisser croire à un certain nombre de mes collègues que cette idée, de propriété individuelle à maintenir là où elle représente le propriétaire travailleur, serait une innovation dans notre programme, une sourdine à nos conclusions, ce que le *Temps* appelait tout récemment « l'opportunisme collectiviste », je me permettrai de vous lire quelques lignes seulement du manifeste par lequel notre parti ouvrier a préludé aux élections générales de 1893, en engageant la lutte dans plus de cent circonscriptions :

« Ce que veut le parti — et ce que veulent comme lui et avec lui tous les partis socialistes de l'ancien et du nouveau monde — personne ne l'ignore ou n'est en droit de l'ignorer.

« Nous voulons que, de même qu'il a cessé d'être un moyen de consommation pour l'homme — période anthropophagique, — l'homme cesse d'être pour son semblable un moyen de production ou d'exploitation — esclavage, prolongé en servage d'abord, en salariat ensuite.

« Par suite des forces non humaines de production créées ou créables par la science et ses applications, le bien-être et une existence réellement humaine sont finalement devenus possibles — et, par conséquent, nécessaires — pour tous les membres de la société, dont la division en classe souffrante et en classe jouissante, en classe à surtravail et en classe à surloisir, indispensable au progrès dans le passé, constitue actuellement le principal obstacle à tout progrès ultérieur.

« Rançon d'une humanité ignorante et impuissante, la misère et la servitude du plus grand nombre des producteurs de toute richesse peuvent aujourd'hui et doivent disparaître dans l'intérêt général et supérieur de l'espèce.

« Il suffit pour cela que, de même qu'elle a pris, au moins dans les pays à suffrage universel, la direction de son outillage politique, la société, composée de membres égaux en droits et en devoirs, prenne la direction de son outillage économique. Plus de salariés et de salariants, fatalement en lutte perpétuelle ; plus de prolétaires et de capitalistes, condamnés à une guerre de tous les jours pour le partage du produit ; mais une grande famille humaine sans droit d'aînesse pour personne, collectivement maîtresse de ses forces productives et les mettant collectivement en valeur, dans la paix sociale enfin réalisée, pour l'égale et complète satisfaction des besoins de chacun et de tous.

« Est-ce à dire, comme le prétend l'ignorance ou la mauvaise foi d'une presse à la solde, que, — parce que nous ne voyons de solution aux antagonismes sociaux convulsant de plus en plus le monde moderne, que dans la propriété nationale, doublant la souveraineté nationale et en faisant une réalité, — nous entendions supprimer la propriété individuelle ?

« Seuls, des aveugles — de nature ou de volonté — peuvent tenir un pareil langage. La propriété individuelle, qu'on nous accuse de vouloir abolir, mais elle se meurt, mais elle est morte, sans que le parti ouvrier soit pour rien dans ce décès. » (*Exclamations à droite et au centre.*)

Mais enfin c'est extraordinaire ! Quand vos médecins vont à domicile constater des décès, n'allez-vous pas maintenant les accuser d'avoir tué les malades ! (*Très bien ! à l'extrême-gauche.*)

« La propriété individuelle de l'outil, — rouet, métier à main, scie, forge, moulin à vent, diligence, etc., — c'est la propriété actionnaire, c'est-à-dire collective, des voies ferrées, des hauts-fourneaux, des filatures et des tissages mécaniques, des scieries et des minoteries, qui l'a tuée. La propriété individuelle de la petite boutique, c'est la propriété, également collective, des grands magasins qui l'achève un peu tous les jours. Il n'est pas jusqu'à la propriété individuelle de l'épargne qui ne disparaisse au toucher de la plus collective des finances, dans les krachs d'une Union générale et d'un Comptoir d'escompte ou dans les escroqueries d'un Panama.

« Des nécessités de la production et de l'échange moderne, tels que les ont révolutionnés la machine et la vapeur, une forme nouvelle de propriété est née : la propriété capitaliste, qui, vivant de la mort de la propriété individuelle caractérisée par le travail du propriétaire, se distingue, elle, par le non-travail de ses titulaires. Où est le travail des actionnaires et des obligataires des chemins de fer, des mines, des hauts-fourneaux, des banques, d'un Louvre ou d'un Bon Marché ?

« C'est de cette seule propriété capitaliste, destructive de la propriété privée des travailleurs, que nous poursuivons la destruction ou, plus exactement, la socialisation, parce que sa restitution à l'ensemble des travailleurs — ou à la société — peut seule remettre en possession, arracher à leur situation de prolétaires ou de dépossédés les victimes par millions qu'elle a expropriées ; parce que, d'autre part, il n'est pas d'autre moyen d'assurer aux producteurs la propriété ou la jouissance individuelle des fruits de leur travail. »

M. Gabriel Dufaure. — Les électeurs ont compris tout cela ?

M. Lemire. — Voulez-vous me permettre une question, monsieur Guesde ?

M. le Président. — Laissez l'orateur continuer sa discussion.

Jules Guesde. — J'ai dû répondre à la critique de M. de Mun, visant la société à laquelle nous tendons et vers laquelle nous poussent tous les phénomènes économiques ; j'ai dû la lui montrer se constituant dans les entrailles mêmes de la société d'aujourd'hui. Il est certain que si nous étions les maîtres à l'heure présente, ou que si, en 1898, comme nous l'espérons et comme l'événement pourra se réaliser, nous arrivions ici une majorité collectiviste, il nous faudrait mettre immédiatement la main à l'organisation de l'ordre nouveau, — et nous la mettrions, n'en doutez pas, car nous sommes de l'avis de Blanqui : « Quand un gouvernement, disait-il, plus ou moins nouveau ou plus ou moins révolutionnaire, a eu le pouvoir pendant quarante-huit heures et qu'il n'a pas su intéresser à sa conservation les masses profondes du pays, ce gouvernement-là est un gouvernement de faillis, un gouvernement de banqueroutiers ! »

Soyez tranquilles ; nous ne serons ni des faillis, ni des banqueroutiers ! (*Mouvements divers.*)

M. du Breil, comte de Pontbriand. — C'est pour M. Bourgeois que vous dites cela ?

Jules Guesde. — Je ne m'occupe pas des personnes, pas plus que des divers partis politiques bourgeois pouvant exister dans cette Chambre. Le parti socialiste — le seul qui existe pour moi — est un... (*Rires ironiques sur divers bancs.*)

M. Brincard. — Et indivisible !

Jules Guesde. — Oui ! le parti socialiste est un et indivisible, comme la République de 1793 ; il est le même en France, en Belgique, en Italie, où Turrati vient d'être élu à Milan, en Allemagne, en Autriche, en Angleterre, en Australie, aux Etats-Unis. Nous sommes, en un mot, aujourd'hui le véritable, le seul catholicisme (*Exclamations à droite*), — catholicisme voulant dire universalité.

M. Lemire. — C'est l'étymologie même. C'est la définition du catéchisme !

Jules Guesde. — Nous sommes le seul parti

universel. Ce qui ne nous a pas empêchés et ne nous empêchera pas encore, lorsque l'institution républicaine sera en cause, lorsqu'il y aura à faire front contre un retour offensif de la réaction, de nous porter comme un bataillon d'avant-garde aux premiers rangs de l'armée républicaine. C'est ce que nous avons fait hier, et nous le referions demain. (*Très bien ! très bien ! à l'extrême-gauche.*)

De même, si vous voulez mettre sur le chantier des réformes sérieuses, vous aurez en nous des collaborateurs assidus, passionnés, qui ne dédaignent pas le pain quotidien parce qu'ils ont devant eux l'idéal d'une société complètement libre, mais qui, en même temps qu'ils réclament et réclameront toujours un peu plus de liberté, un peu plus de justice pour le prolétariat, ne cesseront pas de lui montrer du doigt la terre promise, le monde nouveau où il fera bon vivre.

Car, en entendant tout à l'heure reprocher aux socialistes de faire miroiter devant l'humanité une oasis pour l'arracher au désert dans lequel elle se traîne péniblement, je me disais : Mais c'est le reproche contraire qu'il faudrait adresser à un parti qui aurait la prétention de diriger la politique de son pays, et qui ne saurait pas où mener la masse qu'il a groupée derrière lui, qui parlerait aux ouvriers de leurs souffrances et phraserait sur leur misère sans indiquer comment en finir avec ces souffrances et cette misère.

(*Applaudissements à l'extrême-gauche. — Interruptions à droite.*)

M. Lemire. — Ce n'est pas nous qui avons commencé à phraser. Nous avons eu des exemples.

Jules Guesde. — Je dis qu'une responsabilité comme celle-là, ni mes amis ni moi nous ne saurions jamais la prendre.

Si, comme vous, nous ne croyions pas qu'il y ait réellement un remède au mal social, nous n'irions pas, de foule en foule, d'enfer industriel en enfer industriel, battre le rappel des damnés, les mettre en marche à la conquête d'un paradis impossible.

Que présentez-vous, en effet, dans vos cercles catholiques et dans vos unions chrétiennes, où vous vous efforcez d'amener les travailleurs? Je les connais, vos quarts de solution! je connais même la principale, que j'ai été quelque peu étonné de ne pas voir apporter à cette tribune par M. de Mun : ce sont les fameux syndicats mixtes où, au lieu, comme les socialistes, de poursuivre la réunion des deux facteurs de la production, le capital et le travail, vous avez la prétention de réunir les titulaires de ces deux facteurs. Vous ne vous êtes pas même aperçus que les patrons n'existaient plus, remplacés de plus en plus par des actionnaires, voire des obligataires.

M. Lemire. — Pas toujours!

Jules Guesde. — C'était là tout votre programme. Vous ne voyiez rien au delà. Alors que d'ores et déjà sur les chemins de fer, dans les charbonnages, les hauts-fourneaux, les raffineries, etc., les patrons se sont évanouis, c'est avec ces patrons absents que vous rêviez de réunir les ouvriers malheureusement présents. Quoi de plus chimérique!

Et c'est vous qui avez, pendant des années, été de ville en ville préconiser ce dernier mot de l'impossible, qui nous accusez de conduire les masses avec des promesses irréalisables!

Pourtant il y avait dans ce à quoi vous tendiez, au mépris de toute réalité, un vague instinct de la véritable et indispensable solution. Vous vouliez réunir les facteurs humains de la production, au lieu de réunir les facteurs matériels de cette production. La paix sociale, elle est dans les moyens de production réunis dans les mains des producteurs, et non dans l'association de patrons défunts avec des ouvriers vivants. Mais il y avait là un pressentiment, une lumière encore bien obscure et bien trouble de la société vers laquelle nous marchons, où il n'y aura plus de classe dépossédée et travailleuse, et de classe possédante et oisive, mais une grande famille, une humanité maîtresse de ses moyens de production, les faisant elle-même servir à la satisfaction de ses besoins. Je dis que nous avons le droit et le devoir, lorsque nous savons, ou que du moins nous croyons savoir où va l'évolution sociale, d'aller dans les centres ouvriers et de dire aux travailleurs : « Ceignez-vous les reins ! Debout ! En avant ! » Mais vous, vous qui n'avez rien à leur offrir, vous qui ne pouvez que tourner leurs yeux vers un passé qu'aucun miracle ne saurait ressusciter et qui ne présente, d'ailleurs, qu'un immense avortement, si je ne craignais de vous blesser, vous qui contre nous vous montriez tout à l'heure si agressif, je n'aurais qu'un mot pour qualifier cette manière d'agiter les masses sans issue et sans espoir d'issue : c'est de la démagogie ! (*Très bien ! très bien ! à l'extrême-gauche. — Bruit à droite.*)

Quant à ceux qui ont applaudi tout à l'heure, je suis sûr qu'ils se seraient montrés moins enthousiastes s'ils avaient un seul instant réfléchi que cette agitation dans le vide que représentent les cercles catholiques et les unions chrétiennes, non seulement nous ne la craignons pas, mais nous sommes appelés à en bénéficier. Il y a là, en effet, une espèce d'école primaire préparatoire à la véritable instruction socialiste, que vous ouvrez malgré vous à la partie de la classe ouvrière sur laquelle ne s'étend pas encore notre action directe.

En opposant l'ancien régime et ses garanties corporatives et industrielles à l'absence de garanties de la société bourgeoise, vous préparez, que vous le vouliez ou non, les hommes qui passent par vos mains, dans l'impossibilité où ils sont d'arriver par eux-mêmes à une situation meilleure, à venir à nous qui, seuls, leur présentons des conditions positives de libération. Vous devenez ainsi nos agents de recrutement (*Mouvements divers*) — oh ! sans le vouloir ! (*Applaudissements à l'extrême-gauche.*)

J'admirais tout à l'heure l'ironie de cette situation qui faisait qu'ici (*au centre*), où l'on est avant tout antisocialiste, on applaudissait M. de Mun et ses collaborateurs, qui sont en réalité nos enfants perdus, achevant de perdre l'ordre social au moment même où ils croient se porter à son secours. Aussi ne prenons-nous même pas la peine de vous combattre.

M. Lemire, *ironiquement.* — Puisque nous sommes vos enfants !

Jules Guesde. — Nous nous bornons purement et simplement à prendre acte de cette collaboration aussi inconsciente qu'indirecte.

M. le comte d'Hugues. — Il fallait, alors, applaudir M. le comte de Mun (*Interruptions à l'extrême-gauche.*)

Jules Guesde. — Ainsi le veut le destin. Tout ce qu'on tente ou tentera contre nous, sous forme de lois répressives, sous forme de contrefaçon, sous quelque forme que ce soit, tourne à notre avantage, au triomphe de l'idée socialiste ; et c'est pourquoi, dans quelque difficulté que nous nous soyons trouvés, à quelque assaut que nous ayons été en butte, nous n'avons jamais et nous n'aurons jamais une minute de défaillance, une seconde d'hésitation. Vous ne pouvez plus rien contre un mouvement qui domine aujourd'hui le monde.

On disait, autrefois : « La démocratie coule à pleins bords ». Aujourd'hui, ce qui coule à pleins bords, c'est le collectivisme. (*Mouvements divers.*) Vous rétabliriez les pontons de 1871, vous referiez la Semaine sanglante, que tout cela ou rien, ce serait absolument la même chose.

Non ! vous ne pouvez plus rien contre nous, ni par la violence ni par les concessions ! L'idée est maintenant à ce point incarnée dans des millions et des millions de cerveaux de travailleurs, que rien ne saurait plus l'arrêter dans sa marche victorieuse.

Combattez-nous, essayez du dédain, faites des réformes, n'en faites pas ; quelle que soit votre attitude, elle ne retardera pas la solution définitive. Cette solution, elle se fait en dehors de vous ; il dépend seulement de vous qu'elle ne se fasse pas contre vous ! (*Applaudissements à l'extrême-gauche.*)

(*Séance du 15 Juin 1896.*)

LA SOLUTION COLLECTIVISTE DU PROBLÈME SOCIAL

Jules Guesde. — La Chambre me rendra cette justice que, chaque fois que je suis monté à la tribune, je me suis enfermé strictement dans la question qui était à l'ordre du jour. Soit à propos des pharmacies municipales, soit à propos du projet de loi en discussion, réglementant le travail des femmes et des enfants, je me suis abstenu de toute incursion dans le domaine théorique, où pouvaient cependant m'entraîner mes convictions les plus intimes et les plus ardentes.

Si j'ai été amené, par deux fois déjà, à exposer mes doctrines, nos doctrines, c'est à la suite d'interpellations qui ont été, avec le consentement de la Chambre et avec le mien, greffées sur le débat ouvert devant vous.

J'entends rester fidèle à la méthode que j'ai suivie jusqu'à présent, pour la dignité de la Chambre et pour ma propre dignité. Mais puisque, pour la troisième fois, une interpellation a été adressée au parti socialiste, comme si déjà notre parti était au pouvoir, siégeait sur les bancs ministériels, vides aujourd'hui, — ce sont probablement nos places qu'on nous réserve (*Sourires*), — avant d'expliquer comment la journée de huit heures, qui est devenue une revendication générale du prolétariat des deux mondes, peut et doit être réalisée dans la société actuelle; avant par conséquent de défendre, quant au fond, l'amendement que j'ai déposé au nom du groupe socialiste, et surtout au nom des travailleurs qui, dans le monde entier, ont versé leur sang à Chicago, à Fourmies, à Lodz, à Rome, partout, pour le triomphe de ce qu'ils considèrent comme la réforme capitale de l'heure présente, je répondrai aux attaques qui se sont produites contre la solution collectiviste du problème social. (*Très bien! très bien! à l'extrême-gauche.*)

Après M. Bouge, après M. de Mun, M. Deschanel... Le socialisme est décidément bien dur à abattre; il faut s'y mettre à plusieurs pour avoir raison de ce que M. Deschanel lui-même considérait comme un phénomène d'ordre universel.

En ce qui touche la nouvelle critique formulée il y a deux jours à cette même place, je pourrais me borner, si j'étais tant soit peu méchant, à renvoyer M. Deschanel à M. Aynard qui a demandé la parole pendant son discours et qui va évidemment défendre l'ancienne économie politique, la seule que l'on ait connue jusqu'à mardi dernier, contre les accusations dont elle a été l'objet.

Cette économie politique, M. Deschanel vous a dit qu'elle n'avait plus de raison d'être, qu'elle était caduque, comme l'était d'ailleurs et pour les mêmes causes le socialisme ou le collectivisme qui, depuis Marx, n'en était que le prolongement, le fils naturel et légitime.

M. ADRIEN LANNES DE MONTEBELLO. — C'est un paradoxe !

M. PAUL DESCHANEL. — Vous rapportez inexactement mes paroles.

JULES GUESDE. — Je ne sais pas si c'est un paradoxe ; je sais seulement que cette affirmation a été portée à la tribune.

M. PAUL DESCHANEL. — Non !

JULES GUESDE. — On a reproché à Marx d'être ce qu'ailleurs on a appelé le dernier des économistes. Eh bien ! oui, nous nous vantons, avec Marx, d'être le dernier mot de l'économie politique correspondant à une évolution sociale qui, avec son aboutissant collectiviste, va donner lieu à des phénomènes nouveaux, classés et classables différemment, ne laissant alors plus place, ailleurs que dans le souvenir, à l'ancienne économie politique et à ses données ou lois.

Nous nous rattachons, en attendant, aux grands économistes du passé, à Adam Smith, à Turgot, à Ricardo, à tous ceux qui ont constitué ce qu'on a appelé la science économique. Et puisqu'on est venu les traduire à cette barre, les rendre responsables de nos conclusions collectivistes, du désordre que nous apporterions dans une société qui est évidemment le dernier mot de l'ordre, nous considérons comme un devoir de les défendre, de défendre ces hommes qui ont été de véritables savants, étudiant avec sincérité le milieu qu'ils avaient sous les yeux et en tirant des conclusions d'ordre expérimental s'il en fut.

Ah ! je sais bien que, plus tard, les économistes qui se donnaient comme leurs continuateurs se sont aperçus des dangers qu'il y avait à laisser la parole à la science, au lieu de la transformer, de la maquiller *ad usum Delphini* ou à l'usage de la classe dominante, et que, reculant devant les aveux de leurs aînés, ils se sont mis tout simplement à exploiter l'économie politique pour le compte de la bourgeoisie capitaliste. Mais les pères de l'économie politique, ceux d'autrefois, nous les saluons ; ils ont été des observateurs, des savants, comme Marx, que M. Deschanel avait bien raison, à ce point de vue, de considérer comme un économiste, un économiste dans le vrai sens du mot, de ceux qui décrivirent fidèlement les phénomènes économiques qui s'opéraient sous leurs yeux, non pas de ceux qui devaient se borner plus tard à répéter, comme de simples perroquets, des données ne correspondant plus avec un milieu qui avait lui-même changé.

Marx n'a pas refait Adam Smith, Turgot, Ricardo. Comme eux, il s'est mis directement à l'école des faits, suivant l'évolution économique qui caractérise la fin du dix-neuvième siècle et aboutissant à des conclusions différentes, parce que le milieu était devenu différent.

On a critiqué, comme étant la base même du socialisme moderne, la théorie de la valeur de Marx. On vous a dit : La valeur mesurée par la somme de travail humain incorporée dans une marchandise donnée, cela a été l'erreur d'autrefois. Nous avons corrigé tout cela ! Et comme le médecin de Molière qui mettait le cœur à droite, on a mis la valeur non plus à gauche, dans le travail, on l'a mise à droite, dans ce qu'on a appelé l'utilité, la rareté, dans ce qu'on a appelé encore le désir. (*Applaudissements à l'extrême-gauche.*)

Ah ! monsieur Deschanel, vous aviez raison de parler d'une économie politique nouvelle, mais je crains bien, pour vous, qu'elle ne soit pas destinée à un long avenir ; le jour qui l'a vu naître à cette tribune l'aura vu également mourir.

La valeur déterminée par l'utilité ! Mais alors voici le pain, par exemple, — qui coûte 15 ou 20 centimes, — convaincu d'être cent fois moins utile que les truffes qui sont vendues chez Chevet 15 ou 20 fr.

La rareté ! Mais alors c'est la bière, dont nous ne fabriquons que 9 millions d'hectolitres, c'est le cidre qui n'atteint pas 13 millions, qui vont être plus cher que le vin, moins rare, lui, avec ses 31 millions d'hectolitres en moyenne, depuis douze ans.

La rareté et l'utilité écartées, reste, pour déterminer la valeur, le désir ou le besoin. Ce qui revient à dire que, pour quelqu'un qui n'a pas mangé depuis vingt-quatre heures, une livre de pain aurait, devrait avoir, non pas une valeur d'usage, mais une valeur d'échange ou vénale cent fois plus considérable que la même livre de pain lorsqu'elle se trouve avoir pour acheteur quelqu'un qui sort d'un bon dîner. (*Applaudissements à l'extrême-gauche.*)

Ce n'est pas encore, permettez-moi de le croire, une théorie de la valeur aussi fantaisiste qui aura raison de la théorie de la valeur de Marx, même empruntée à l'ancienne économie politique.

M. PAUL DESCHANEL. — Chacune de ces conceptions de la valeur n'est qu'une vérité partielle. La valeur est l'appréciation des services échangés.

JULES GUESDE. — Vous voulez dire des mensonges partiels, et ce sont ces mensonges partiels qui constitueraient la vérité générale ? (*Rires à l'extrême-gauche.*)

Après la théorie de la valeur de Marx, on s'en est pris à une autre loi qui serait encore à la base de toute notre critique socialiste, de ce monument collectiviste que l'on accuse Marx d'avoir construit sur le sable, et sur le sable mouvant ; je veux parler de la loi de la plus-value, que, par une contradiction qui n'a pu échapper à la Chambre, M. Deschanel a représentée avec raison comme

« dominant, à l'heure qu'il est, tout le parti ouvrier européen ».

Cette théorie de la plus-value, M. Deschanel ne l'a pas combattue directement comme M. de Mun ; l'insuccès de ce dernier n'étant pas fait pour l'encourager dans cette voie ; il n'en a pas tenté la critique ou essayé d'en établir le mal fondé.

M. Paul Deschanel. — Pardon !

Jules Guesde. — Il s'est borné à invoquer contre elle un article paru dans le *Devenir Social* et dans lequel Engels aurait consenti à la reconnaître en contradiction, non pas avec l'ordre collectiviste de demain, ce qui n'est douteux pour personne, mais avec l'ordre capitaliste d'aujourd'hui.

Je regrette pour M. Deschanel, puisqu'il a lu cet article, ce dont je le félicite, qu'il ait pris pour l'opinion d'Engels ce qui n'était que l'opinion de Loria, professeur d'économie politique italien. (*Rires à l'extrême-gauche.*)

M. Paul Deschanel. — Vous faites erreur : j'ai le texte sous les yeux.

Jules Guesde. — Oui, mais c'est l'article tout entier qu'il faudrait avoir lu et surtout avoir compris.

M. Paul Deschanel. — Je l'ai lu et relu, et j'affirme que vous vous trompez. Et je ne suis pas le seul à l'avoir compris ainsi ; les commentateurs sont du même avis.

Jules Guesde. — Une erreur partagée ne constitue pas une vérité.

Je disais donc que M. Deschanel, avec la meilleure foi du monde, avait confondu l'opinion de Loria avec celle d'Engels, alors qu'Engels lui-même parlait de Loria comme d'un Balaam qui aurait oublié à domicile son âne, c'est-à-dire sa partie intellectuelle. (*Rires à l'extrême-gauche.*)

M. Paul Deschanel. — C'est au contraire l'opinion d'Engels que j'ai citée. Vous avez dit que c'était une coquille ; ce n'en est pas une.

Jules Guesde. — Je ne discute pas la coquille, mais voyez comme je suis — j'allais dire bon prince, mais pour mes adversaires de la droite, je retire le mot, — j'aimais mieux croire à une coquille matérielle incombant aux typographes qu'à une coquille intellectuelle. Votre interruption m'oblige à croire que l'erreur a été commise non par le compositeur, mais par le lecteur. Je le regrette pour vous.

M. Paul Deschanel. — Eh bien, nous soumettrons notre différend à d'autres lecteurs, si vous voulez.

Jules Guesde. — Si vous n'avez pas compris Marx, vous n'êtes d'ailleurs pas le seul.

M. le comte de Bernis. — Vous dites que nous ne comprenons pas ; c'est peut-être vous qui vous exprimez mal.

M. Edouard Aynard. — Schaeffle a dit qu'il

lui avait fallu plusieurs années pour comprendre Karl Marx.

FABEROT. — Vous ne comprenez pas parce que vous ne voulez pas comprendre.

M. EDOUARD AYNARD. — Karl Marx a écrit lui-même que les Français ne le comprendraient jamais.

JULES GUESDE. — Lorsqu'il s'agit de parler en passant d'une œuvre aussi magistrale que le *Capital* de Marx, je ne saurais avoir la prétention de faire pénétrer ma conviction et celle du monde savant dans les cerveaux de tous mes collègues, alors que je me souviens très bien que, dans un article du *Journal des Débats*, M. de Molinari écrivait lui-même — et il croyait écrire à son avantage — qu'il avait essayé de lire le *Capital* et qu'il n'en avait rapporté qu'un énorme mal de tête. Cet aveu, permettez-moi de le dire, peut donner la mesure du cerveau de M. de Molinari, mais ne touche en aucune façon l'œuvre de Marx, que d'autres, heureusement, ont comprise, ces autres qui sont aujourd'hui légion, que vous rencontrez dans toutes les universités de France, d'Italie, d'Autriche, d'Allemagne et de Belgique, partout... (*Très bien! très bien! à l'extrême-gauche.*)

M. CUNEO D'ORNANO. —

Ce que l'on conçoit bien s'énonce clairement.

JULES GUESDE. — Dans ces conditions, mon

cher collègue, nous serions tous des physiologistes aussi distingués que Claude Bernard, des chimistes aussi complets que Berthelot, nous posséderions en un mot la somme totale des connaissances humaines *et quibusdam aliis*, qui sait ? Je vous laisse donc votre interruption pour compte, et je reviens à M. Deschanel et à la critique qu'il a apportée ici comme complément de la critique formulée par M. de Mun.

Je suis obligé de constater que dans cette critique il y a une telle somme d'aveux et de vérités que ce qui a échappé à M. Deschanel nous suffit pour reconstruire la légitimité, la raison d'être et la nécessité du socialisme.

M. Deschanel a naturellement défendu la part du capital dans le partage du produit. Car M. Deschanel admet le partage. Non seulement il l'admet, mais il déclare qu'il est éternel ; il déclare que la question n'est pas de faire disparaître le partage, comme le veulent les socialistes, que la seule question qui se pose devant vous, devant les hommes politiques, devant les nouveaux économistes, est celle de mieux déterminer la part des ouvriers et la part des capitalistes ; c'est la proportion entre les salaires et le profit qui, d'après lui, peut seulement et doit être en discussion.

Pour justifier la part du capital, ou le profit, M. Deschanel s'est exprimé comme suit :

« Le travail présent ne saurait exister qu'autant

qu'un travail antérieur lui a permis de naître. »

Qu'est-ce que cela veut dire? Cela signifie que le travail présent, qui ne fait qu'un avec le travailleur, comme mon contradicteur l'a lui-même reconnu, n'est admis à pourvoir à sa propre vie, à faire vivre celui qui l'incarne, que dans la mesure où le permet le travail mort ou cristallisé dans les machines, dans les usines, dans les moyens matériels de production. Mais vous venez, par cette simple phrase, de reconstituer les classes, de les opposer l'une à l'autre.

M. Paul Deschanel. — Votre interprétation est peut-être habile, mais elle n'est pas exacte. En quoi le travail antérieur constitue-t-il une classe?

Jules Guesde. — Je serais désolé que la Chambre pût croire à mon habileté et non à ma bonne foi; je tiens donc à relire la phrase tout entière, de façon que l'interprétation que vient d'en donner M. Deschamel lui reste pour compte. Voici le passage :

« C'est sur cette théorie inexacte et incomplète de la valeur que Marx a édifié tout son fameux système de la formation du capital, ce qu'il appelle la plus-value; or, il suffit d'un instant de réflexion pour voir qu'elle n'est pas plus exacte que l'autre; et cela non seulement parce que, comme l'a très clairement expliqué M. de Mun, le mot « travail » ne doit pas s'appliquer seulement au travail manuel, mais aussi à l'idée et à la conduite, à la direction industrielle et commerciale de l'entreprise, mais parce que ce « travail de l'entrepreneur » — ce n'est plus M. de Mun qui parle, c'est M. Deschanel — « ce travail de l'entrepreneur et de l'ouvrier, ce travail présent, ne saurait exister qu'autant qu'un travail antérieur lui a permis de naître. »

Par conséquent, ce que je citais tout à l'heure à l'état d'extrait est également exact au point de vue de la phrase complète. Je dis que cette phrase reconstitue les classes dans leur vérité, l'une devant l'autre ou plutôt l'une subordonnée à l'autre. (*Applaudissements à l'extrême-gauche.*)

Si sans le travail antérieur, transformé en moyen de production, le travail présent ou vivant ne peut exister, voilà la classe qui incarne ce dernier travail, la classe prolétarienne, mise à la merci, ne pouvant travailler ou vivre que par la permission des détenteurs des moyens de production, c'est-à-dire de la classe capitaliste. (*Nouveaux applaudissements sur les mêmes bancs.*)

M. Paul Deschanel. — Non ! il ne s'agit nullement des classes.

Jules Guesde. — C'est ainsi que, sans le vouloir, ceux qui nient les classes sont obligés de les proclamer le jour où, descendant des nuages de la métaphysique, ils mettent le pied sur le sol des réalités économiques.

M. Deschanel y a été entraîné, de même que M. de Mun l'autre jour. Seulement de la part de

M. de Mun il n'y avait pas obligation ; il pouvait rester en dehors des réalités ; homme du miracle, le miracle pouvait lui suffire.

C'est ainsi que lorsqu'il faisait le procès aux lois découvertes par Marx, point ne lui était besoin d'essayer d'en démontrer l'inexactitude. Il n'avait qu'à reprendre le discours qu'il prononçait à Bordeaux il y a trois ans et dans lequel il disait : « Toute loi qui ne s'appuie pas sur la loi divine est une loi caduque ». Il est évident que Marx ayant oublié de s'appuyer sur la loi divine, les lois de la valeur et de la plus-value ne pouvaient pas ne pas être caduques — pour M. de Mun.

M. Deschanel, lui, n'est pas dans les mêmes conditions : il ne peut pas s'échapper par la porte du miracle, la porte de la loi divine. Il est condamné à rester dans le domaine humain ; et, après avoir reconnu l'existence des classes, il ne saurait plus contester que la distribution des produits dans la société d'aujourd'hui s'opère d'une façon nécessaire, mathématique, et que le partage dans lequel il voudrait faire intervenir l'Etat, pour le modifier, est régi par des lois contre lesquelles on ne peut rien, — c'est M. Aynard qui va vous le dire tout à l'heure, — parce que le mode de distribution des produits est déterminé toujours et fatalement par le mode de production.

Si vous avez, d'un côté, le travail mort, le capital représenté par une classe, et si vous avez, de l'autre, le travail vivant, représenté par une autre classe, par les prolétaires, il est absolument certain que la loi qui va présider à la répartition du produit, en salaire ici, en profit là, que cette loi vous échappe, qu'elle naît, inéluctable, du mode de production lui-même. Et M. Deschanel le reconnaissait encore quelques lignes plus loin, quand il indiquait que pour mettre fin à cet état de choses, il n'y avait qu'un moyen, le nôtre : c'est de « mettre dans les mêmes mains le capital et le travail par la socialisation des moyens de production ».

M. Paul Deschanel. — Vous reproduisez inexactement mon raisonnement.

Jules Guesde. — Oui, les facteurs de la production, les conditions matérielles, d'un côté, et les conditions personnelles, de l'autre, divisées, donnent lieu à ce qui existe aujourd'hui : au profit d'un côté, et au salaire de l'autre, qui ne saurait dépasser ce qui est indispensable aux travailleurs pour se maintenir à l'état vivant et pour se reproduire.

Inutile toute théorie, loi des salaires, ou plus-value ; le simple bon sens suffit à établir que tant qu'il existera des hommes qui, dépossédés de tout, n'auront pour vivre que leur force-travail à vendre le matin s'ils veulent manger le soir et donner à manger aux leurs, ces hommes la vendront, se vendront toujours et partout, nécessairement, dès qu'ils trouveront, en échange, la bouchée de pain, le minimum de subsistance qui les empêchera de mourir, eux et leur famille.

Comment contester que la classe qui a faim, et

qui ne peut conjurer cette faim qu'en se portant elle-même sur le marché du travail, devra accepter le prix de vente, c'est-à-dire le salaire, qui est la condition même de son existence, de sa survivance ? Et voilà du coup la règle du partage tout établie : d'un côté, une classe qui, dans la mesure où l'autre classe a besoin d'elle, et seulement dans cette mesure, ne recevra jamais que la part correspondant à un minimum de subsistance ou de vie, et de l'autre côté la classe qui, détenant les moyens de production, maîtresse du travail et de la vie de l'autre, conservera tout le surplus de la production ouvrière, tout l'excédent du travail humain.

La part du travail, ce n'est pas le bon cœur ou le mauvais cœur des patrons, ce ne sont pas leurs dispositions personnelles qui peuvent la fixer, la réduire ou l'augmenter; ce n'est même pas l'intervention de la loi. Elle est déterminée par l'esclavage de fait des travailleurs qui, dépossédés de tous moyens de produire ou de travailler, sont réduits à se contenter de ce qu'on voudra bien leur aumôner pour mettre en valeur, pour faire produire un outillage qui appartient à d'autres.

Ah ! je n'ai pas oublié ce que M. de Mun, et non pas M. Deschanel, est venu objecter ici. Il a dit : Oui, c'est vrai, il y a partage du produit : le salaire ne correspond pas à la productivité totale du travail ; mais les socialistes laissent croire, donnent à entendre que tout ce qui, dans le produit du travail, ne correspond pas au salaire, tout cela va, à titre de profit, entre les mains des entrepreneurs ou entre les mains des capitalistes.

Or, nous n'avons jamais dit cela : jamais les socialistes, jamais les marxistes, jamais Marx, n'ont été suffisamment aveugles pour ne pas se rendre compte que dans le produit annuel du travail une partie va au renouvellement de l'outillage, une autre aux frais généraux, une autre encore à la direction de l'entreprise, une dernière enfin à l'extension de la même entreprise.

Jamais, encore une fois, nous n'avons prétendu ou laisser croire que tout ce qui n'était pas salaire représentait réellement du travail volé. Nous avons au contraire expliqué que, dans la société de demain, il y aurait encore une part du produit qui n'irait pas à la consommation directe et personnelle des travailleurs, manuels et intellectuels, et qui aurait à faire face aux frais généraux quoique réduits, à l'usure des machines et aux autres nécessités économiques que non seulement nous ne nions pas, mais que nous avons toujours proclamées.

Mais cela veut-il dire qu'en dehors des frais indispensables à toute production, celle de demain comme celle d'aujourd'hui, il n'y ait pas quelque chose qui s'appelle le profit, et que M. Deschanel réclame pour le capital, c'est-à-dire pour le travail antérieur ou mort? Mais le travail mort, il a déjà reçu sa rémunération. (*Applaudissements à l'extrême-gauche.*)

La rémunération, ç'a été le salaire, les appointements, le prix qui lui a été payé lorsqu'il était le travail vivant. Il a été rémunéré dans le passé et il ne saurait avoir la prétention d'être rémunéré éternellement; il y a là, je le répète, une confusion qu'il faut absolument dissiper. Le travail passé, le travail représenté par ceux qui ont pu mettre de côté, économiser, il a autant de droits, mais il ne saurait en avoir plus que le travail présent, incarné, lui, dans les travailleurs d'aujourd'hui. Et on ne peut admettre qu'il s'impose au travail vivant pour l'exploiter et lui dire : Tu vas m'entretenir à perpétuité.

Or, c'est ce que M. de Mun appelle la rémunération légitime du capital; il a même employé une expression qui suffirait à faire justice du véritable sophisme qui se cache derrière les mots, il a parlé de la nécessité de « rémunérer la matière première » ! Ainsi le coton, ainsi la laine, manufacturés dans les filatures, dans les tissages du Nord, ne sont plus des choses, mais des personnes qui nous tendent les mains et demandent une rémunération! C'est donner la vie à la matière inerte, morte, pour la supprimer aux hommes. (*Exclamations à droite.*)

M. CHARLES FERRY. — Mais, ce coton, ce sont des travailleurs qui l'ont produit.

M. HENRI LANIEL. — Il a voulu dire le prix de la

matière première et non pas la matière première elle-même.

Jules Guesde. — J'ignore ce qu'il a voulu dire, mais j'affirme que l'expression suffit à faire justice de la thèse soutenue. Car il faut aller jusque-là, il faut réclamer une rémunération pour la matière première... (*Non, non, au centre et à droite.*)

M. Adrien Lannes de Montebello. — Pour le prix de la matière première.

Jules Guesde. — ... une rémunération pour les machines, une rémunération pour le cheval-vapeur aujourd'hui et pour le wat électrique demain, si l'on veut que soit légitime ce qu'on appelle la rémunération du capital.

M. Henri Laniel. — Vous jouez sur les mots!

Dejeante. — Et vous, vous jouez sur les choses!

Jules Guesde. — Tout en reconnaissant qu'en dehors de ce que j'appellerai la reconstitution et le développement des conditions matérielles de la production, qui doivent évidemment être prélevés sur le produit annuel du travail, le profit proprement dit existe, qui, pour lui, représentait la rémunération des matières premières, et, pour M. Deschanel, la rémunération du travail mort, M. de Mun a prétendu que ce profit était des plus limités.

On en parle, disait-il, sans cesse aux travailleurs, on le leur donne comme une dîme écrasante, alors qu'en réalité c'est une part infinitésimale du produit de leur labeur; et il vous a cité à l'appui l'Etat de Massachusetts, dont une statistique officielle, légale, établirait — je tiens à reprendre le chiffre porté ici — que ce profit atteignait à peine un dollar et demi par travailleur.

Or, j'ai ici les chiffres des profits aux États-Unis pour une période de trente années, depuis 1850 jusqu'à 1880. Je les emprunte au remarquable ouvrage de Gronlund, *The cooperative commonwealth.* Vous allez voir ce qu'est réellement cette part du capital que l'on qualifie de ridicule, dont nous devrions faire abstraction, et qu'exploitent les collectivistes pour ameuter les prolétaires contre la société capitaliste d'aujourd'hui.

En 1850, le produit net de l'industrie manufacturière aux États-Unis, défalcation faite des matières premières, du combustible, de l'usure du matériel, des frais généraux et autres dépenses indispensables — s'élevait à 2 milliards 187 millions ; en 1860 à 4 milliards 25 millions.

M. Charles Ferry. — Où avez-vous trouvé ces chiffres ?

Jules Guesde. — Je parle du produit net, — nous verrons ensuite comment il se divise, — c'est-à-dire du produit comprenant et profits et salaires.

En 1870, il s'est élevé à 6 milliards 550 millions, et en 1880 à 9 milliards 170 millions.

La part des travailleurs, sous la forme salaire, a été de 1 milliard 187 millions pour 957,000 ouvriers en 1850.

La part du capital a été de 1 milliard. Vous entendez : salaires, 1 milliard 187 millions ; profits capitalistes, 1 milliard.

En 1860, salaires des travailleurs, au nombre de 1 million 300,000 : 1 milliard 895 millions; profits capitalistes : 2 milliards 130 millions.

En 1870, salaires pour 2 millions de travailleurs : 3 milliards 100 millions; profits capitalistes : 3 milliards 550 millions.

En 1880, salaires des travailleurs, au nombre de 2 millions 730,000 : 4 milliards 430 millions; profits capitalistes : 4 milliards en chiffres ronds.

Ce qui veut dire que la part du travail, dans ce partage dont M. Deschanel proclame l'éternité et la nécessité, que nous sommes criminels de vouloir faire disparaître, a été en 1850 de 54 p. 100; en 1860 de 47 p. 100 ; en 1870 de 47 p. 100, et en 1880 de 51 2/3 p. 100 ; tandis que la part du capital était de 46 p. 100 en 1850; de 53 p. 100 en 1860; de 53 p. 100 en 1870; de 48 1/3 p. 100 en 1880.

Ce qui revient à dire encore que le salaire moyen annuel par ouvrier a été en 1850 de 1,225 fr. ; en 1860 de 1,450 fr. ; en 1870 de 1,550 fr.; en 1880 de 1,725 fr. ; tandis que le prélèvement par ouvrier, ou profit capitaliste, était de 1,025 fr. en 1850 ; de 1,625 fr. en 1860 ; de 1,725 fr. en 1870 et de 1,617 fr. 50 en 1880.

Voilà comment se présente à nous ce profit qui n'était qu'une quantité négligeable, que nous avions tort de faire figurer dans notre arithmétique socialiste. Il constitue, non plus, comme la dîme féodale d'avant 1789, un dixième au plus du travail humain, mais, en moyenne, les cinq dixièmes de ce travail, enlevés aux travailleurs.

C'est ce partage que le socialisme a la prétention de faire disparaître et qui ne saurait disparaître, de l'aveu même de M. Deschanel, qu'autant que les travailleurs deviendront les maîtres, les propriétaires des moyens de production.

C'est encore avant-hier que vous l'avez dit : « Pour obtenir ce résultat, il faudrait mettre dans les mêmes mains le capital et le travail. »

C'est, en effet, la seule manière d'en finir avec le partage, et nous voulons en finir, parce que, avec un pareil régime, ce sont les crises sociales en permanence, c'est ce désordre pour ainsi dire organique que vous nous accusez d'apporter dans votre société, alors qu'au contraire nous voulons y ramener l'ordre; c'est la guerre civile, latente ou ouverte; et que, pour mettre un terme à cet état de choses, il n'y a pas deux moyens, il n'y en a qu'un : c'est de faire des travailleurs, de tous les travailleurs sans exception, les copropriétaires des instruments et de la matière du travail. (*Applaudissements à l'extrême-gauche.*)

Tant qu'on n'aura pas opposé une solution à la nôtre, nous dirons, et nous avons le droit de dire : les collectivistes sont le seul parti de l'ordre (*Exclamations au centre. — Très bien! très bien! à l'extrême-gauche*), le seul parti de la paix sociale, parce qu'ils ne se bornent pas à phraser sur l'ordre ou sur la paix, mais s'efforcent — et sont seuls en mesure — de créer les éléments indispensables à cet ordre et à cette paix.

Eh bien, cette solution, vous ne l'avez apportée ni les uns ni les autres. La solution de M. de Mun, c'est M. Deschanel qui l'a éliminée : il a déclaré qu'il n'acceptait pas cette mainmise par l'Eglise sur la conscience des patrons pour leur créer des devoirs vis-à-vis de leurs ouvriers.

M. d'Hulst. — Non : leur rappelant des devoirs, et non pas : leur créant des devoirs. Nous n'avons aucun pouvoir de créer des devoirs ; nous avons la mission de les rappeler. (*Très bien ! très bien ! à droite. — Interruptions à l'extrême-gauche.*)

Jules Guesde. — J'accepte votre rectification et je vous remercie d'autant plus qu'elle ne fait que souligner votre impuissance. Si vous essayiez au moins de créer ces devoirs, on pourrait croire que, jusqu'à présent, ils n'existaient pas. Mais vous dites : notre mission se borne à les rappeler. Eh bien, voilà dix-huit siècles que vous les rappelez, et votre appel n'a pas encore été entendu. (*Applaudissements à l'extrême-gauche.*)

M. d'Hulst. — Je demande la parole.

Jules Guesde. — Votre cloche a sonné dans le vide, et les profits patronaux ont continué à couler comme un torrent, emportant et noyant les masses ouvrières. (*Nouveaux applaudissements à l'extrême-gauche.*)

M. Deschanel a écarté cette solution par trop extra-humaine, et il a ajouté, d'autre part, qu'il n'acceptait pas davantage la solution qu'apportera tout à l'heure M. Aynard.

Le laissez-faire, laissez-passer, de l'économie politique orthodoxe ne lui dit rien qui vaille. Il ne croit pas — et ce n'est pas nous qui lui donnerons tort — que la paix puisse sortir de la guerre qui fait rage chaque jour dans toutes les usines du monde. Il ne croit pas que, dans cette lutte pour le partage du produit entre les salariés qui veulent porter leur salaire au maximum et les salariants qui entendent, de leur côté, porter au maximum leurs profits, il y ait place pour un équilibre, pour une harmonie sociale. Il n'est, a-t-il conclu, ni avec M. de Mun ni avec les économistes de la vieille école. Il est avec ceux qu'il a appelés la majorité républicaine.

Je crains, moi, qu'il ne soit qu'avec lui-même, et encore ! — avec M. Deschanel de 1896, mais pas avec M. Deschanel de 1890. (*Très bien ! très bien ! à l'extrême-gauche.*)

M. Paul Deschanel. — J'ai toujours été le même.

Jules Guesde. — Il vous a dit : Je suis pour l'intervention : je reconnais que le contrat de travail n'est pas un contrat ordinaire, parce que l'ouvrier se vend en même temps qu'il vend son travail, et par conséquent nous ne pouvons pas laisser fonctionner la loi de l'offre et de la demande vis-à-vis d'un être humain qui pense, qui aime, qui souffre, comme lorsque cette loi s'applique au fer, au coton, au sucre, à n'importe quelle autre marchandise morte. Voilà ce que vous a dit M. Deschanel.

M. Paul Deschanel. — Votre interprétation est forcée !

Jules Guesde. — Non ! ce n'est pas forcé ! L'économie politique bourgeoise vous démontrera, au contraire, que vous êtes dans l'erreur, que vous êtes, vous aussi, un esprit subversif (*Applaudissements et rires à l'extrême-gauche*) et que, par cette brèche que vous avez ouverte, tout le collectivisme finira par passer. (*Applaudissements sur les mêmes bancs.*)

M. Deschanel vous a dit : Je suis pour l'intervention du législateur, pour l'intervention de l'Etat, — nous, nous dirions : pour l'intervention sociale, — je crois qu'il y a là un devoir éminent à remplir, qu'on ne peut pas laisser des individus isolés, dépossédés, qu'on ne peut pas les laisser en face du capital bardé de fer, eux qui sont pour ainsi dire tout nus, en s'en remettant, dans un duel aussi inégal, à ce qu'on appelait autrefois le jugement de Dieu.

Il vous a dit : Je suis interventionniste. C'est là la solution que j'apporte, c'est là ce que je représente, non pas avec la Révolution française, dont il s'est réclamé, mais contre la Révolution française, qu'il n'a acceptée que sous bénéfice d'inventaire.

Eh bien, qu'est-ce que c'est que cet interventionnisme ? Voulez-vous que nous l'examinions ?... Vous ne vous êtes pas rendu compte de ses conséquences ; ou peut-être, au contraire, aviez-vous conscience de ce qu'il y avait derrière cette impossibilité, proclamée par vous, de laisser, à la fin du dix-neuvième siècle, écraser les faibles par les forts, dans une société qui se prétend humaine.

Ce qu'il y a dans cet interventionnisme, mais ce sont précisément la violence et l'arbitraire qu'on nous reproche, à nous qu'on appelle à tort étatistes, de vouloir substituer aux rapports naturels, normaux, des hommes entre eux ; c'est une immixtion constante, de tous les instants, dans les relations sociales.

Vous avez, en effet, pris soin d'expliquer que votre interventionnisme aurait à tenir compte des conditions particulières, à se modifier d'après les milieux partiels, les industries différentes.

Il ne s'agit pas, avez-vous ajouté, d'une solution générale et unique, qui, comme celle des collectivistes, s'appliquerait à tout et à tous. Nous aurons toute espèce, tout genre d'intervention ; c'est l'intervention sur mesure. (*Rires à l'extrême-gauche.*)

Ne voyez-vous pas que vous êtes en train de livrer votre société basée sur la liberté, sur le droit individuel, au pire des arbitraires, à tous les caprices d'un Etat omnipotent ? (*Très bien! très bien ! à l'extrême-gauche.*)

Ce n'est plus nous qui représentons l'inquisition en permanence, c'est M. Deschanel avec son interventionnisme coulant à pleins bords...

M. PAUL DESCHANEL. — Pourquoi : « coulant à pleins bords » ?

JULES GUESDE. — .... débordant sur toutes les formes de l'activité humaine, sans autre règle, sans autre garantie que le bon plaisir des gouvernants. Oh ! non ! nous n'en voulons pas, pour l'avenir, de cette intervention à outrance dont vous avez fait tout votre programme. (*Interruptions au centre.*)

Pour l'instant, dans le milieu actuel, soit ! Comme nous admettons l'intervention de l'agent de police ou du gendarme, quand un passant, la nuit, est assailli et voit sa vie menacée. (*Rires au centre.*)

M. LE COMTE DE BERNIS. — C'est une concession.

JULES GUESDE. — Ce n'est pas une concession que nous faisons, c'est une concession qu'on nous fait (*Très bien ! très bien ! à l'extrême-gauche*), car M. Deschanel ne nous l'avait pas encore faite, et jusqu'à présent c'était nous et nous seuls qui soutenions qu'il était impossible de laisser assassiner les prolétaires...

M. RAYMOND POINCARRÉ. — Alors on peut assassiner les capitalistes. (*Rires au centre.*)

Jules Guesde... qu'il fallait que la loi les protégeât contre un surtravail homicide et que, puisqu'il y avait une force publique pour veiller sur les coffres-forts des patrons, il devait y avoir des lois pour sauvegarder la vie ouvrière. (*Applaudissements à l'extrême-gauche.*)

Je répète que cette façon d'intervenir de l'Etat, qui a une raison d'être aujourd'hui, dans une société fondée sur l'inégalité, n'est pas, ne saurait être une solution définitive. Singulière solution, en tout cas, qui équivaudrait à éterniser la maladie pour nécessiter l'intervention quotidienne du médecin !

Nous avons une autre ambition : nous voulons, nous, en finir avec la maladie ou le mal social, pour qu'il n'y ait plus lieu qu'à une hygiène sociale.

M. Deschanel, sans s'en douter, revenait à la solution de M. de Mun, à la solution chrétienne : « il y aura toujours des pauvres parmi nous, donc ayons des riches qui fassent l'aumône ». A la place des riches faisant l'aumône, M. Deschanel a mis l'Etat se faisant protecteur, intervenant au profit des faibles. Mais c'est toujours la charité, que ce soit la charité privée au nom de Christ ou la charité légale au nom de l'Etat ; et les travailleurs ne veulent d'aucune forme de l'aumône ! (*Applaudissements à l'extrême-gauche.*)

Ils veulent que les produits du travail appartiennent tout entiers à ceux qui les ont créés, qui en sont le père et la mère. Et, pour ce, ils ne veulent plus du partage, qui les vole en grand, même avec la promesse de M. Deschanel d'une restitution en détail ou partielle.

Et quand on songe que M. Deschanel, qui n'admet pas que le partage puisse jamais disparaître, quand on songe que c'est lui qui, l'autre jour encore, nous a donnés pour des partageux !

Reprenant une accusation d'autrefois, qui lui a valu un nouveau démenti de notre ami Vaillant, il a dit : « Le communisme, mais c'est le partage ».

Nous ne sommes pas, que je sache, en régime communiste, et cependant le partage existe, fonctionne tous les jours ; que dis-je ? M. Deschanel, qui n'est pas suspect de communisme, vous a déclaré que le partage est de nécessité sociale, que tout au plus pourrait-on augmenter la part des uns et réduire celle des autres. Et c'est le même M. Deschanel qui, pour transformer les collectivistes en partageux, s'est avisé d'évoquer la conjuration des Egaux et de se retrancher derrière une phrase de Babeuf.

M. Charles Ferry. — C'est vous qui le revendiquez !

Jules Guesde. — Si M. Deschanel s'est imaginé embarrasser les collectivistes et leur propagande en nous confondant avec les communistes, il s'est grandement trompé. C'est volontairement, systématiquement que, dans mon discours de la semaine dernière, j'ai dit collectivisme ou communisme. Nous ne renions pas, en effet, nous ne renieronsjamais les communistes d'autrefois. Que, passant par-dessus les babouvistes, vous nous rattachiez à la *République* de Platon, à l'*Utopie* de Thomas Morus, à la *Cité du Soleil* de Campanella, tout ce grand passé, nous nous glorifions de le faire nôtre, nous réclamons comme notre tradition préhistorique le grand rêve communiste de tous ceux qui, du cerveau ou de la main, ont lutté pour le bien-être ou le bonheur commun. Ceux-là, nous les saluons ; nous les saluons deux fois quand, pour cette « tentative glorieuse » — c'est l'expression de M. Ranc, aujourd'hui sénateur, — ils ont, comme Babeuf et ses héroïques complices, porté leur tête sur l'échafaud. (*Applaudissements à l'extrême-gauche.*)

Ceux-là, ceux qui ont saigné pour affranchir l'humanité, ceux-là, nous les revendiquons, non seulement pour nos lointains ancêtres, mais pour nos pères directs, non pas pour nos pères intellectuels, mais pour nos maîtres en sacrifices, ayant donné leur vie, comme nous donnerions la nôtre aujourd'hui, pour la libération de nos frères de travail et de misère ! (*Nouveaux applaudissements sur les mêmes bancs.*)

Mais ce que nous ne pouvons pas tolérer, c'est que, pour les besoins de sa polémique, M. Deschanel ait tenté de dénaturer la conjuration des Egaux et, en même temps, de déshonorer l'homme qui, je le répète, a su mourir pour ses idées. (*Applaudissements à l'extrême-gauche.*)

Vous avez parlé de Babeuf comme d'un faussaire, monsieur Deschanel. Or, vous savez, ou vous devriez savoir, que si Babeuf a été condamné par contumace, il a été vengé, réhabilité par le décret de la Convention qui a cassé le jugement pour « excès de pouvoir et défaut d'équité », et qui était signé de Merlin (de Douai), et que, renvoyé devant la commission des administrations civiles, il a vu finalement, en thermidor, proclamer sa complète innocence.

M. Paul Deschanel. — Par l'influence de Fouché, car il était le protégé de Fouché, comme il avait été celui de Marat. (*Applaudissements au centre. — Bruits à l'extrême-gauche.*)

Jules Guesde. — Je dis qu'il n'est pas digne d'adversaires à un siècle de distance d'aller ramasser une calomnie pour la clouer sur le cadavre de celui devant lequel se sont inclinés des hommes comme Ranc, comme Jaclard, comme Blanqui, comme Voyer d'Argenson, et dont quelques-uns resteront l'éternel honneur de la démocratie française; vous le deviez d'autant moins que vous ne pouviez ignorer que votre argumentation historique ne pouvait porter contre nous.

Si Babeuf, dans son Manifeste, a parlé de distribuer les biens des conspirateurs aux bons citoyens, à ceux qui se joindraient au mouvement révolutionnaire, il ne faisait que continuer la pratique qui était courante depuis que la Révolution avait commencé. Ce n'est pas Babeuf qui a eu l'idée de promettre 1 milliard des biens des émigrés à ceux qui iraient à la frontière défendre la patrie et la République. (*Applaudissements à l'extrême-gauche.*) C'est la Convention qui a rendu ce décret.

Ce n'est pas non plus Babeuf, c'est Saint-Just qui, plus tard, décidait que les biens des suspects seraient partagés entre tous les non-propriétaires, entre tous les indigents de l'époque. Par conséquent, ce que vous avez indiqué comme la caractéristique de la conspiration des Egaux appartient à la période que nous appelons, nous, révolutionnaire bourgeoise; c'est la Convention qui en a eu l'initiative, cette Convention dont vous rappeliez l'abominable décret punissant de mort tous ceux qui parleraient de lois agraires, cette Convention qui a fait plus que défendre la propriété individuelle, qui, avant de proclamer la République, le 22 septembre, jurait, sur la demande de Danton, que les propriétés industrielles et territoriales seraient éternellement sacrées. C'est elle qui a fait entrer dans sa politique le partage des biens des suspects, le partage des biens des émigrés, le partage des biens des ennemis de la France et de la Révolution — qui à cette époque ne faisaient qu'un.

Pourquoi donc avoir fait intervenir contre les Egaux et leur République cette unique phrase, qui d'ailleurs est en contradiction absolue avec l'esprit même des conjurés ? Vous n'êtes pas sans le savoir, vous avez lu Buonarotti, vous avez lu le Manifeste des Egaux : vous ne pouvez ignorer que ce qu'ils poursuivaient, c'était « le bonheur commun fondé sur la communauté des biens », et que jamais une minute ils n'ont eu l'idée de lois agraires, contre lesquelles ils protestaient, ni d'une forme quelconque de partage. Ce partage, hélas ! il s'était fait avant eux, il s'était fait contre eux, contre la France paysanne et la France ouvrière d'alors. Reportez-vous donc aux *Lundis révolutionnaires*, de Georges Avenel. Le titre en est un peu bien subversif, mais vous vous rassurerez en apprenant que ces pages d'histoire, les plus puissantes qui aient été écrites sur la Révolution, paraissaient dans un journal qui n'était rien moins que socialiste : c'était dans la *République française*, qui n'avait pas encore comme directeur M. Méline, mais Gambetta. Dans ses *Lundis révolutionnaires*, voici ce que pouvait écrire Georges Avenel :

« Nos écrivains patriotes ont raconté la Révolution ou plutôt l'ont chantée au point de vue de l'idée pure. Les biens nationaux, ils en ont jugé par éclair, se contentant de quelques menus faits qu'ils ont enguirlandés de considérations générales. Ils n'ont vu là que le clergé et la noblesse qu'on dépouillait. S'ils ont applaudi sans regarder de trop près en quelles mains allait vraiment toute la dépouille, personne de ces lettrés si minutieux à noter les discours, les batailles, les décrets, les Constitutions, bref tout ce qui brille, bruit et passe, n'a daigné éplucher la grosse affaire matérielle de ces temps-là en suivant pas à pas cette série de ventes fiévreuses, furieuses, révolutionnaires, incessantes pendant plusieurs années, ventes ou vols à milliards qui ne furent qu'une sorte d'orgie territoriale où tous les capitalistes firent chère lie. Le jeu de la spéculation primant toute autre considération en ce remue-ménage, le droit de prise s'y affirma aussi brutalement qu'en temps de conquête; et lorsque des voix patriotes s'élevaient par intervalle en faveur des prolétaires qu'on oubliait, vite les loups-cerviers de la finance se récriaient, au milieu de la curée, contre le spectre de la loi agraire.

« Ah! le peuple dépouillé par les ventes! voilà surtout ce qu'on n'a jamais fait entrevoir...

« On fit pourtant, à cette époque (fin de 1793), une promesse solennelle aux sans-culottes armés défenseurs de la patrie. La Convention décréta qu'il leur serait réservé pour 1 milliard de biens nationaux comme juste récompense. Ils pouvaient donc sans broncher aller se battre aux frontières.

« Nouvelles promesses aux prolétaires. Le 8 ventôse, Saint-Just fait décréter qu'on dressera un tableau de tous les patriotes indigents et qu'on les indemnisera avec le bien des ennemis de la

Révolution; mais ce décret vague et fluant n'est qu'un trompe-l'œil...

« Ainsi donc, quand le 9 thermidor arriva, les prolétaires n'avaient eu miette des biens de l'Eglise, leurs propres biens, et ils ne devaient pas en avoir davantage. On leur avait partagé çà et là quelques bribes de biens communaux, et on ne devait pas leur faire d'autres partages. En revanche, ils étaient riches de promesses : 1 milliard de terre comme défenseurs de la patrie et les biens des suspects à répartir entre eux tous. Ah! le bon billet! »

Oui, les grands bourgeois de l'époque ne s'étaient pas bornés à partager : ils avaient tout pris. (*Applaudissements à l'extrême-gauche.*)

M. LE COMTE DE BERNIS. — On a changé de bourgeois, voilà tout!

JULES GUESDE. — En déclarant biens nationaux les biens de l'Eglise, les biens des émigrés, ils n'avaient fait que couvrir d'un masque d'intérêt national leurs appétits particuliers. Dans tous les cas, libre à mes collègues de cette Chambre de se rattacher à cette partie de la bourgeoisie du siècle dernier qui, pendant la Révolution, a agioté sur les biens nationaux et n'a eu qu'une idée : se les partager.

Nous, qui nous réclamons purement et simplement de l'homme qui a donné sa vie pour ses idées et pour l'affranchissement de ses semblables, nous sommes prêts à faire un départ dans cette

Révolution : à vous, ceux qui ont volé à la nation les biens qu'ils ne lui avaient que momentanément et nominalement restitués (*Très bien! très bien ! à l'extrême-gauche*) ; à nous, au contraire, ceux qui, comme Babeuf et ses compagnons, n'ont vu dans la Révolution à mener à terme que le patrimoine commun de l'humanité à reconstituer. (*Applaudissements à l'extrême-gauche.*)

M. LE COMTE DE BERNIS. — Et les volés ?

M. LEYDET. — Ils se sont rattrapés en 1815 !

TOUSSAINT. — Les volés avaient été les premiers voleurs

JULES GUESDE. — D'ailleurs, cette Révolution, vous voyez que plus on en parle, moins il est facile de s'entendre sur ce qu'elle a pu faire de bien et sur ce qu'elle a pu faire de mal. Après M. de Mun qui lui a rendu un hommage, très indirect, mais très inattendu, vous avez entendu M. Deschanel se poser ici en représentant de la Révolution française. C'était à la fin de son discours ; mais quelques minutes avant, au début, il avait fait la critique la plus sanglante que l'on puisse imaginer de cette même Révolution. D'après lui, par sa destruction « du principe même d'association », elle serait la source de tous les désordres d'aujourd'hui ; et, au premier rang de ces désordres, il plaçait, comme « une réaction extrême », le socialisme, qui arrive, au contraire, pour rétablir l'ordre dont il est le facteur essentiel. (*Applaudissements à l'extrême-gauche. — Rires ironiques au centre et à droite.*)

Il vous disait :

« En détruisant ces corporations qui avaient si puissamment contribué à l'essor de l'industrie européenne au moyen âge, elle a créé dans notre organisation sociale, économique, une formidable lacune, qui fut rendue plus sensible et plus dangereuse encore par les découvertes scientifiques et par les transformations de l'outillage industriel. C'est même pour cela, parce que l'individu isolé ne trouve plus en face de lui qu'une seule association vraiment vivante, fortement constituée, l'association générale, l'Etat, c'est pour cela qu'il tourne tout naturellement les yeux vers lui. Et c'est là ce qui explique la naissance et les progrès du socialisme contre l'excès d'individualisme du droit public issu de la Révolution. »

Ainsi donc, cette Révolution dont vous vous proclamez les fils dévoués et fidèles, vous avez déclaré que son œuvre n'était pas bonne, avait été funeste ; vous l'avez, en réalité, lâchée, reniée, sous prétexte d'en faire le pivot de votre politique. Eh bien, je tiens, moi, à la défendre contre vous qui ne l'avez pas comprise. (*Applaudissements à l'extrême-gauche.*)

La Révolution française, ah ! certes oui, elle a atteint son but, le seul qu'elle eût à atteindre, en brisant toutes les anciennes formes de production, tous les anciens moules qui s'opposaient au renouveau industriel, à ces forces productives que la science tenait en réserve, qui étaient là, derrière l'horizon, et qui devaient être déchaînées, malgré le cortège de souffrances et de misères qu'elles traînaient derrière elles, pour l'affranchissement réel et définitif de l'humanité. Elle a emporté tout ce qui faisait obstacle au régime capitaliste, préface indispensable de l'ordre socialiste, en faisant table rase d'un passé épuisé. Et c'est pourquoi, nous, les socialistes, nous nous inclinons devant elle avec plus de respect, et de sincérité en tous cas, que ceux qui l'invoquent et s'en font aujourd'hui une arme contre nous.

Oui, même la loi Chapelier qui, si on l'examine isolément, à part, en soi, constituerait le plus monstrueux des attentats commis contre la liberté humaine au nom de la liberté, même cette mise de toute une classe hors du droit d'association, s'imposait, était une nécessité, qui, si douloureuse qu'elle pût être momentanément, pouvait seule acheminer notre espèce vers sa libération en ouvrant la porte à la vapeur, au machinisme, à ces centaines de millions d'esclaves de fer et d'acier qui permettront demain à tous les hommes une vie réellement humaine, et qui, incompatibles avec les conditions et les garanties, avouons-le, du régime corporatif, ne pouvaient surgir que sur ses ruines.

C'est cette destruction qui caractérise et constitue la Révolution française ; c'est par là qu'elle a été et qu'elle reste une étape providentielle (*Exclamations au centre et à droite*), si je puis employer le mot, dans la marche en avant de l'humanité !

M. LE COMTE DE BERNIS. — Prenez garde ! Vous allez devenir clérical.

JULES GUESDE. — Mon cher collègue, cette accusation de cléricalisme, je ne la crains ni ne m'en inquiète...

M. LEMIRE. — L'expression dont vous vous êtes servi est très bonne ; il n'y en a pas de meilleure.

JULES GUESDE. — ...et pourtant je suis plus juste vis-à-vis du christianisme, vis-à-vis du grand passé de l'Eglise catholique, que ne l'ont été et ne le sont les membres du centre, avec qui vous confondez de plus en plus vos votes.

M. D'HULST. — On peut vous accorder cela.

JULES GUESDE. — Nous répugnons au rôle d'accusateurs publics contre la longue série des siècles qui sont derrière nous. Nous ne méconnaissons ni n'insultons aucune des différentes phases de l'évolution sociale ; nous les classons, proclamant leur raison d'être successive et leur rendant successivement justice. C'est ainsi que dans ce treizième siècle, auquel faisait allusion l'autre jour notre collègue, M. Lemire, l'Eglise — nous ne faisons aucune difficulté de l'avouer — a joué un très grand et très utile rôle. C'est elle qui, se dressant devant les hommes bardés de fer d'alors, non seulement au physique, mais au moral, a été la seule puissance intellectuelle capable d'imposer une limite, de mettre un frein, au moins relatif, aux brutalités et aux violences de tous les jours. C'est elle qui, après avoir, il est vrai, détruit autant qu'il dépendait d'elle le patrimoine scientifique et artistique du monde gréco-romain...

M. LE COMTE DE BERNIS. — Ce sont les barbares qui l'ont détruit.

JULES GUESDE. — ...c'est elle qui a été seule à en recueillir les épaves, et dans ses cloîtres et dans ses monastères, devenus des asiles inviolables, a reconstitué en partie ce qu'elle avait tant contribué à brûler et à briser en bloc.

M. LE CONTE DE BERNIS. — Ce sont les barbares, et non pas les chrétiens, qui ont tout détruit.

JULES GUESDE. — Ce sont vos Césars chrétiens! Faut-il vous rappeler les édits de Théodose? (*Bruit à droite.*)

Je vous demande pardon, je suis encore assez naïf pour répondre à toutes les interruptions. J'aurais dû, au contraire, continuer mon exposé. C'est parce qu'on me disait : vous allez devenir clérical, que j'ai tenu à expliquer comment nous pouvions, comment nous devions être chrétiens dans le passé, en tenant compte des services rendus par le christianisme alors, et comment nous pouvons et nous devons être athées et collectivistes, aujourd'hui, au moment où l'homme est en train de devenir Dieu et de se sauver lui-même.

(*Exclamations à droite. — Applaudissements à l'extrême-gauche.*)

M. Aynard *et plusieurs de ses collègues.* — Ah! le vilain dieu ! (*On rit.*)

Jules Guesde. — On me dit que c'est un vilain dieu.

M. le comte de Bernis. — Si l'homme était un dieu, je vous assure que je ne l'adorerais jamais !

Jules Guesde. — Si l'homme est un si vilain dieu, pourquoi donc votre dieu s'est-il décidé à se faire homme ? (*Bruit à droite.*)

Je reviens à la discussion générale. Je dis que, ni du côté de M. de Mun, ni du côté de M. Deschanel, on n'a apporté un remède quelconque au mal social dont cependant on était obligé de reconnaître l'existence, qu'il n'y a actuellement qu'un seul parti qui, devant l'accumulation des misères et des souffrances humaines, devant le besoin de justice et de liberté qui travaille les sociétés modernes, se présente avec une solution, que l'on peut discuter, que l'on peut dénaturer, mais qui reste unique, dominant, qui plus est, toute la politique de cette fin de siècle.

M. Aynard. — Quelle est cette solution ? (*Exclamations à l'extrême-gauche.*)

Jules Guesde. — M. Aynard me demande quelle est cette solution.

M. Aynard. — Je vais avoir l'honneur de vous répondre, et je vous demande votre solution.

Jules Guesde. — Je suis tout disposé à répondre à M. Aynard avant qu'il ait parlé, comme j'ai répondu à M. Deschanel après qu'il avait parlé.

M. Aynard me dit : vous parlez de votre solution ; quelle est-elle ? Elle constitue pourtant l'*a b c* du socialisme moderne.

M. Aynard. — Vous n'êtes pas d'accord entre vous.

Jules Guesde. — Mais les chimistes non plus ne sont pas d'accord ; cela n'empêche pas qu'il y a une chimie. Les physiciens non plus ne sont pas d'accord ; cela n'empêche pas qu'il y a une physique. (*Applaudissements à l'extrême-gauche.*) Les chrétiens non plus ne sont pas d'accord : il y a pourtant un christianisme. (*Très bien ! très bien ! sur les mêmes bancs.*)

M. Lemire. — C'est évident.

Jules Guesde. — Je dis que la solution du socialisme, on n'a plus le droit de l'ignorer aujourd'hui, non pas seulement depuis qu'elle a été apportée à la tribune de cette Chambre, mais depuis bien plus longtemps, depuis qu'elle s'est imposée à l'attention de tous ceux qui étudient, en même temps qu'à l'impatience et aux espoirs de ceux qui souffrent.

La solution socialiste, elle n'est plus seulement du domaine de l'usine, de la mine, de tous les milieux en un mot où la torture humaine est telle que l'on est prêt à accepter les yeux fermés, sans contrôle, comme une certitude et un fait, ce qui pourrait n'être qu'un beau rêve. Elle a pénétré dans les laboratoires, elle a été passée au creuset, analysée, disséquée partout où règne la libre recherche.

Il n'existe pas dans le monde une seule Université, entendez-le, une seule Faculté dans laquelle la théorie marxiste, la solution collectiviste, n'ait fait l'objet de discussions ardentes. Et même ceux qui l'ont le plus combattue, ceux qu'elle n'a pas encore ralliés, sont obligés de reconnaître qu'on ne peut rien lui opposer. S'ils la repoussent, c'est par préjugé, ou par l'impossibilité où ils se trouvent de se représenter en mouvement tous les rouages de la société nouvelle : pour venir à nous, il leur faudrait être préalablement entrés dans la terre promise.

Tout à l'heure, j'ai nommé Loria, un de nos adversaires les moins contestés. Or, Loria, parlant du « Capital », est obligé de dire : « le splendide ouvrage » de Marx. Il est obligé de s'incliner devant la puissance scientifique de Marx : ce qui doit vous convaincre qu'aujourd'hui ce n'est plus en disant : « Je ne sais pas », que vous empêcherez les autres de savoir. (*Très bien! très bien! à l'extrême gauche.*)

M. ADRIEN LANNES DE MONTEBELLO. — Nous vous demandons de nous dire ce que vous savez.

JULES GUESDE. — Je l'ai déjà dit plusieurs fois ; ce sera une vingt-cinquième édition.

M. ADRIEN LANNES DE MONTEBELLO. — Elle nous sera très agréable.

JULES GUESDE. — La paix sociale n'est possible, la société ne sera une société humaine, dans le vrai sens du mot, que lorsqu'elle ne sera plus basée sur l'antagonisme des intérêts, lorsque nous serons sortis du régime des classes, lorsque, pour cela, les deux facteurs de la production, aujourd'hui séparés, le matériel de production ou le capital, et le personnel de production ou le travail représenté par la classe ouvrière, ne feront qu'un, lorsque la société, maîtresse de ses forces productives, les mettra en valeur directement, à l'aide de tous ses membres valides.

Il est un mot de Stuart Mill que vous connaissez sans doute, de ce Stuart Mill que M. de Mun prenait l'autre jour à témoignage contre nous : dans ce qu'on peut considérer comme son testament politique, dans son *Autobiographie*, Stuart Mill écrivait : « Le capital est nécessaire à la production, mais pas le capitaliste ». (*Applaudissements à l'extrême-gauche. — Exclamations ironiques au centre et à droite.*)

M. JULES DELAFOSSE. — La phrase est jolie !

JULES GUESDE. — Eh bien ! toute la solution du problème social est là. Il faut que le capital de production cesse d'appartenir à quelques-uns, à une classe, pour devenir la propriété commune de toute la nation, de toute la société. Et quand cela sera, tout ce qui est humainement possible sera fait.

M. ADRIEN LANNES DE MONTEBELLO. — Mais comment le fera-t-on ?

JOURDE. — Cela dépend de vous.

JULES GUESDE. — Vous me demandez comment cela se fera ? Je n'ai pas la prétention de disposer d'une baguette magique quelconque.

M. GEORGES BERGER. — C'est déjà bon à savoir.

JULES GUESDE. — Il me suffit de constater que, par suite de la concentration des capitaux, par suite du développement de la grande industrie, du grand commerce et de la haute finance, une nouvelle féodalité se constitue, dont les titulaires deviennent de moins en moins nombreux, et que, de l'autre côté, les dépossédés, dans le domaine du travail manuel comme dans le domaine du travail intellectuel, vont tous les jours augmentant. Tous les jours, le prolétariat s'augmente des écrasés du petit commerce, de la petite industrie, des fonctions dites libérales, qui n'ont pas trouvé et peuvent de moins en moins trouver place dans les cadres de votre société qui vont se rétrécissant de plus en plus.

M. GEORGES BERGER. — Mais le nombre des petits patrons augmente constamment !

GUSTAVE ROUANET. — Où avez-vous vu cela ?

GÉRAULT-RICHARD. — Consultez donc les statistiques des faillites.

M. LE PRÉSIDENT. — Je vous en prie, messieurs, veuillez laisser parler l'orateur !

JULES GUESDE. — Vous me demandez une réponse : si c'est pour y substituer la vôtre, il est inutile de m'interroger. Interrogez-vous vous-mêmes.

Je dis que le nombre de ceux qui possèdent leur instrument de travail va tous les jours diminuant. Ce sont vos statistiques qui le constatent.

M. Balsan. — Comment expliquez-vous alors que le nombre des patentes s'accroisse ?

M. Georges Berger. — Je répète que le nombre des petits patrons augmente constamment. (*Interruptions à l'extrême-gauche.*)

M. le Président. — Messieurs, il y a cinq orateurs inscrits pour répondre à M. Guesde ; veuillez ne pas l'interrompre. (*Très bien ! très bien !*)

Gustave Rouanet. — Faites-leur l'historique de la grève de Trignac et parlez-leur des mines de fer de l'Anjou estimées 750.000 francs, puis 12 millions.

Jules Guesde. — Je n'ai pas l'habitude de procéder par simple affirmation et je vous prie de croire que quand j'apporte une assertion, c'est qu'elle est, pour moi au moins, basée sur des faits et des chiffres. Et comme ce n'est pas nous qui dressons les statistiques aujourd'hui, comme cet admirable instrument d'investigation est entre vos mains, vous ne pouvez pas en contester ou en suspecter les données.

Or, voici ce que je relève dans la *France économique* de M. de Foville, pour l'année 1889 :

Les métiers à bras dans l'industrie textile française étaient encore, en 1873, au nombre de 328.000, dont 83.000 pour le coton, 60.000

pour la laine, 125,000 pour la soie, 60.000 pour le lin, chanvre et jute.

En 1885, à peine en compte-t-on 140.000. C'est-à-dire qu'en douze années, 188.000 — plus de la moitié — ont disparu, transformant en autant de dépossédés ou de prolétaires leurs propriétaires individuels.

Il s'agit ici des artisans, dépossédés de leur outil de travail et rejetés dans le prolétariat, devenu, lui-même, un simple moyen de production.

Mais ce n'est pas seulement parmi ces humbles travailleurs manuels que vous voyez s'accomplir l'œuvre d'expropriation. Les fabricants proprement dits ne sont pas davantage épargnés. C'est toujours à M. de Foville que j'emprunte mes chiffres. Bien que les métiers mécaniques se soient extraordinairement multipliés, — 184.800 en 1885, contre 132.100 en 1873, — les tissages et filatures sont tombés dans la même période de 5.464 à 4.434, savoir :

Coton, 945 établissements au lieu de 1.048 ;

Laine, 1.882 établissements au lieu de 2.520 ;

Soie, 1.172 établissements au lieu de 1.182 ;

Lin, chanvre et jute, 435 établissements au lieu de 714.

Plus de mille usines ont sombré, soit près de 20 p. 1,000.

Ces statistiques ne vous suffisent-elles pas? En voici d'autres, plus officielles encore, fournies, celles-là, par le *Bulletin de statistique et de législation comparées*, de décembre 1895.

Il s'agit de l'industrie sucrière, et la direction générale des contributions indirectes nous apprend :

1° Que de 1881-1882 à 1894-1895 les chevaux-vapeur employés ont passé de 41.871 à 54.674 et le rendement en sucre obtenu de 335.575.714 kg. à 704.454.108 kg., soit une augmentation de la production de 110 p. 100;

2° Que, dans le même temps, le nombre des fabriques est descendu de 486 à 367 ; en diminution de 25 p. 100.

Voilà qui est catégorique, ce me semble. Après l'artisan exproprié par l'outillage mécanique, ce sont les détenteurs de cet outillage, les capitalistes eux-mêmes, qui se voient dépossédés à leur tour ; les petits et les moyens sont mangés par les plus gros. (*Très bien! très bien! à l'extrême-gauche.*)

Passons à d'autres chiffres visant, ceux-ci, les patentés. C'est encore votre *Bulletin de statistique et de législation comparées* qui, dans son numéro de février 1895, va conclure pour nous et contre vous.

D'après la direction générale des contributions directes, voici dans quelles proportions a diminué, pendant les vingt dernières années, le total des patentés de l'industrie française ; remarquez que la diminution est constante, elle ne souffre pas une seule exception :

Patentés de l'industrie :

En 1873, 222.056 ; en 1880, 221.566 ; en 1881, 204.107 ; en 1885, 196.777 ; en 1891, 194.408 ; en 1892, 193.791 ; en 1893, 193.031 ; en 1894, 192.787.

C'est, en 1873 et 1894, une différence en moins de 29,269, quelque chose comme 14 p. 100. (*Très bien! très bien! à l'extrême-gauche.*)

Comment se résoudra le problème? me demandiez-vous : voyez-vous maintenant comment il est en train de se résoudre ? (*Applaudissements sur les mêmes bancs.*)

Tous ces dépossédés d'hier, d'aujourd'hui et de demain, rejetés dans le prolétariat et qui y arrivent non plus avec la servitude héréditaire, non plus avec l'habitude de la misère, mais avec le souvenir et le regret du bien-être qu'ils ont connu, au moins relativement, ceux-là n'acceptent pas, n'accepteront jamais votre société comme une société définitive (*Nouveaux applaudissements sur les mêmes bancs*) ; ceux-là, ils vous ont entendu dire que, sans propriété, il n'y avait pas de liberté, et ils veulent devenir ou redevenir propriétaires. Mais leur propre expérience leur a appris que ce n'est plus sous l'ancienne forme, la forme individuelle, qu'ils peuvent rentrer en possession ; ils savent que leur petite usine fermée ne se rouvrira plus, que leur métier à bras brisé ne ressuscitera pas et qu'il n'y a plus pour eux qu'un moyen de cesser d'être prolétaires, c'est de devenir les copropriétaires de tout l'outillage de France, repris par la nation. (*Nouveaux applaudissements à l'extrême-gauche.*) Les voilà devenus socialistes, collectivistes. C'est notre armée, elle augmente tous les jours, c'est la marche même de votre régime capitaliste qui nous la recrute ; et comme vous lui avez mis dans la main le suffrage universel et que vous n'êtes pas de taille à le lui reprendre... (*Mouvements divers.*)

M. Adrien Lannes de Montebello. — Personne de nous n'en a l'intention.

M. Alicot. — Personne n'y songe.

Jules Guesde... rien que par cette arme légale elle deviendra fatalement et avant peu maîtresse du pouvoir, maîtresse de la République, et alors, non plus au bénéfice de quelques agioteurs, mais au bénéfice de l'ensemble des travailleurs, elle procédera comme il a été procédé à la fin du siècle dernier par cette Révolution dont vous essayez de vous couvrir : elle déclarera biens nationaux les chemins de fer, les mines, les usines... (*Applaudissements à l'extrême-gauche*), la grande propriété terrienne, tout ce qui, en un mot, est devenu le monopole d'une minorité oisive, qui représente non pas l'intérêt de la nation, mais l'exploitation de la nation. (*Nouveaux applaudissements à l'extrême-gauche.*)

Ai-je été clair, monsieur Aynard ?

M. Edouard Aynard. — Oui !

JULES GUESDE. — S'il vous fallait d'autres renseignements, je suis à vos ordres. (*Rires à l'extrême-gauche.*)

M. LE COMTE DE SAINT-QUENTIN. — Cela suffit.

GÉRAULT-RICHARD. — Dites-leur à quelle époque se fera la révolution, pour qu'ils fassent leurs malles. (*Nouveaux rires à l'extrême-gauche. — Rumeurs sur divers bancs.*)

M. LE PRÉSIDENT. — Je ne puis pas tolérer de pareilles paroles; elles sont inconvenantes. (*Très bien! très bien!*)

A l'extrême-gauche. — Cela ne fait mal à personne!

M. EDOUARD AYNARD. — A côté du philosophe, il y a le réaliste; il est bon de le connaître. (*Très bien! très bien! au centre.*)

M. HENRY BOUCHER, *Ministre du Commerce et de l'Industrie.* — C'est la traduction en langage vulgaire.

M. LE DUC DE ROHAN. — C'est la pensée.

M. PAUL DESCHANEL. — Vous voyez, monsieur Guesde, la traduction qu'on fait de vos paroles ici même!

GÉRAULT-RICHARD. — C'était une plaisanterie.

M. LE PRÉSIDENT. — Je vous répète que vous ne devez pas parler ainsi. Ce n'est pas conforme à la courtoisie que l'on doit toujours observer entre collègues. (*Très bien! très bien!*)

JULES GUESDE. — Un dernier mot relativement à la question particulière à laquelle je viens de répondre. Je vous ai rappelé que nous avions une solution, vous la connaissez, elle est connue du monde ouvrier tout entier ; c'est autour d'elle que se groupent des millions et des millions de prolétaires. Pour nous combattre, pour faire faire à la société qui vous tient à cœur l'économie d'une révolution, il faudrait au moins nous opposer quelque chose. Or, nous attendons toujours, je ne dis même pas votre moyen d'affranchir ou de sortir de leur enfer les damnés de l'heure présente (*Exclamations au centre et à droite. — Applaudissements à l'extrême-gauche*), mais que vous nous indiquiez seulement comment vous pourrez empêcher de tomber dans cet enfer social ceux qui sont encore sur le bord.

Comment allez-vous, je le répète, non pas même libérer les prolétaires d'aujourd'hui, mais simplement empêcher de verser dans le prolétariat de demain la classe moyenne, la petite bourgeoisie, celle dont vous vous faites un bouclier lorsque vous marchez contre nous ?

Comment allez-vous empêcher le petit commerce de disparaître jusqu'à la dernière boutique sous la concurrence des grands bazars ?

Comment allez-vous empêcher le paysan, écrasé par l'usure, par le fisc, par l'hypothèque, d'être finalement arraché à son lopin de terre par l'envahissement de la nouvelle féodalité foncière et par l'impossibilité où il se trouve de plus en plus d'apporter sur le marché des produits qui ne soient pas grevés d'un prix de revient plus considérable que les produits de la grande culture, qu'elle soit française, indienne ou américaine ?

Contre l'imminence de ces nouvelles catastrophes, vous n'avez rien, vous ne proposez rien ! Non seulement vous ne pouvez pas sauver les naufragés d'hier, mais vous êtes incapables de retenir sur la rive ceux dont le naufrage est encore à venir.

Vous n'avez à votre service que des mots, de la métaphysique libertaire ! *(Applaudissements à l'extrême-gauche. — Sourires au centre et à droite.)*

A droite. — Eh bien ! et vous ?

Jules Guesde, — Vous n'apportez rien, et c'est pourquoi, si nombreux que vous soyez encore, vous êtes nécessairement impuissants contre la minorité socialiste d'aujourd'hui. Ce n'est pas notre nombre qui fait notre force, c'est que nous sommes les seuls qui, dans la tempête présente, montrions à l'humanité un abri — et un abri dès demain. *(Applaudissements à l'extrême-gauche. — Rires ironiques au centre et à droite.)*

M. Charles Ferry. – C'est de la prophétie, cela ! Ce n'est plus de la politique.

Jules Guesde. — Mais enfin, Messieurs, il est bien simple de nous en remettre encore une fois aux chiffres. Je croyais que depuis quelques années, c'étaient les voix socialistes qui allaient *crescendo* dans le pays, et que par suite les voix conservatrices, monarchiques ou républicaines, étaient en baisse.

Me serais-je donc trompé ? Est-ce que les socialistes seraient plus rares dans cette Chambre que dans la précédente ? S'il en est ainsi, vous avez raison ; je conviens que c'est à vous que l'on va et qu'on se retire de nous. Mais si nous sommes plus nombreux, c'est à nous que l'on vient, et c'est vous que l'on abandonne. Vous en êtes persuadés d'ailleurs.

Est-ce que nous pourrions, sans cela, exposer avec cette liberté nos idées à cette tribune ? (*Applaudissements à l'extrême-gauche. — Dénégations et interruptions au centre.*)

M. CHARLES FERRY. — Nous sommes plus tolérants que cela !

Au centre. — Nous aimons la liberté plus que vous.

JULES GUESDE. — C'est parce que vous sentez que le socialisme n'est plus seulement une opinion, qu'il est devenu une force, un parti vers lequel les yeux se tournent de plus en plus, et dans les centres industriels et dans les milieux ruraux. Oui, c'est pour cela, encore une fois, que vous lui faites place ! une place de plus en plus large dans vos débats. Il s'impose à vous ! (*Applaudissements à l'extrême-gauche, — Mouvements divers*).

. . . .

. . . . . Malgré ma fatigue et la vôtre,

laissez-moi, Messieurs, vous demander encore quelques minutes d'attention, car je ne voudrais pas qu'on puisse dire, ni ici ni ailleurs, que des objections ont été faites à l'idée ou au parti collectiviste sans qu'à ces objections nous ayons répondu pleinement et complètement.

M. de Mun m'a, par quatre fois différentes, demandé ce que « gagneraient » — c'est son expression — les travailleurs d'aujourd'hui à la transformation socialiste que nous poursuivons. M. Labat, d'autre part, a fait remarquer que je n'avais pas répondu à la question qui m'avait été posée au sujet de la répartition possible des travailleurs dans les différentes spécialités, étant donnée la société nouvelle qui est notre but.

Je veux, pour agrandir la cible que nous offrons à nos adversaires, pour qu'ils puissent nous atteindre plus à fond, non seulement dans notre présent, mais dans notre avenir, je veux fournir une double réponse à ce double point d'interrogation.

Ce que les travailleurs auront à « gagner» à la société collectiviste, c'est d'abord de n'être plus des prolétaires, ne vivant et n'étant admis à vivre que dans la mesure où leur force-travail est indispensable au capital pour donner lieu au profit; c'est de devenir leurs propres maîtres, des souverains économiques, comme le suffrage universel en a fait, au moins de nom, des souverains politiques; c'est d'être en République sociale, au lieu d'être en monarchie patronale; c'est de faire eux-mêmes leurs règlements d'atelier, la loi intérieure du travail; c'est d'élire leurs contremaîtres, leurs directeurs de travaux (*Mouvements divers. — Applaudissements à l'extrême-gauche*), au lieu d'avoir à subir les représentants d'une volonté étrangère.

Il me semble qu'à ce point de vue déjà, l'état social de demain différera sensiblement de l'état social d'aujourd'hui.

Une autre conséquence de la transformation collectiviste, c'est que tous les perfectionnements mécaniques, toutes les découvertes scientifiques et leurs applications, au lieu de chasser de l'atelier des hommes qui n'ont que leur travail pour vivre, au lieu de mettre hors du travail et de la vie des travailleurs par centaines de mille, ne mettront plus dehors que des heures de travail. C'est qu'au lieu d'avoir à maudire le progrès industriel, qui se retourne aujourd'hui contre eux pour les affamer, les travailleurs béniront, appelleront les machines qui leur apporteront, avec la diminution de l'effort, une augmentation de produits. Plus de chômages — qui sont autant de famines — mais des loisirs dans l'abondance, parce que l'outillage perfectionné, automatisé, devenu leur propriété, ne fera qu'accroître le champ de leur consommation. (*Applaudissements à l'extrême-gauche.*)

Comme troisième conséquence, aux salaires

d'aujourd'hui s'ajouteront les profits qui, à l'état de produits, resteront aux producteurs.

Je vous ai prouvé, par une statistique portant sur la production manufacturière des Etats-Unis, que les profits représentent une somme au moins équivalente aux salaires additionnés ; que, tous frais déduits, c'est de 50 0[0 en moyenne que les prolétaires sont actuellement dépouillés des richesses qui sont leur œuvre. Par conséquent il suffira que les moyens de production cessent d'être individualisés, qu'ils soient la propriété collective ou commune de l'ensemble des travailleurs, pour que ceux-ci voient leur part augmenter de la part qui actuellement va au capital. Mais cette part, ainsi doublée, sera encore accrue par la simplification du mécanisme de la production.

Que de faux frais, que de gaspillage dans la période de concurrence ou d'anarchie que nous traversons ! Que d'efforts perdus dans ces ateliers parcellaires et multiples constitués les uns contre les autres ! Quelle économie, par suite, dans la société de demain, du seul fait de la production unifiée ! (*Applaudissements à l'extrême-gauche.*)

Pourquoi, actuellement, la grande usine fait-elle fermer la petite usine ? Pourquoi la grande industrie tue-t-elle la moyenne industrie ? Pourquoi les grands magasins, comme le Louvre et le Bon Marché, écrasent-ils les petites boutiques ? Parce que leurs frais généraux, répartis sur une quantité de marchandises de plus en plus considérable, arrivent à réduire ces frais de revient et ces frais de vente dans des proportions contre lesquelles ne saurait prévaloir aucune mesure fiscale.

Eh bien, le même dégrèvement, qui s'opère actuellement sur les produits de la grande industrie et sur les marchandises des grands magasins, se produira — accentué encore — sur les produits sociaux et les marchandises sociales. Il y aura, de ce chef encore, une économie considérable, une économie qui viendra en augmentation de la part du produit du travail qui restera entre les mains des travailleurs.

Et je laisse de côté toutes les dépenses de réclame, d'annonces, d'affichage, de courtage, etc., qui ne correspondent à aucune utilité sociale, qui ne servent qu'à la chasse à la clientèle, qu'à faire passer l'argent de Pierre dans la poche de Jean, ce que M. Drumont et M. d'Hugues tiennent pour un mal juif, alors qu'il est un attribut de la société capitaliste.

M. Marcel Habert. — Ils ont bien un peu raison.

Jules Guesde. — Tous ces millions, détournés et absorbés par l'agiotage et la spéculation la plus scandaleuse, viendront encore s'ajouter au bien-être des travailleurs, alors que le travail actuel doit subvenir non seulement aux appétits de la minorité capitaliste, mais aux besoins des parasites de tout ordre qui vivent sur cette minorité, à commencer par les deux millions de domestiques des deux sexes qui consomment sans produire. (*Très bien! très bien! à l'extrême-gauche.*)

On trouvera enfin dans le transfert au travail utile de cette masse improductive d'employeurs et d'employés une nouvelle source de richesse, de nouveaux moyens de jouissance pour l'ensemble de la société. (*Applaudissements à l'extrême-gauche. — Mouvements divers.*)

J'arrive à la répartition du travail dans la société telle que nous la comprenons.

M. Labat, qui s'imaginait nous embarrasser, a dû commencer par reconnaître que la répartition dans la société actuelle était défectueuse au possible ; il l'a même donnée pour la principale raison de ce qu'il a appelé le malaise social, sans avoir l'air de comprendre qu'il y avait là un effet inévitable du régime du laissez-faire, laissez-passer, dont, par une étrange contradiction, il se constituait l'apologiste.

C'est, vous a-t-il dit, 75 à 80 p. 100 d'individus qu'il faudrait avoir à la culture du sol contre 20 à 25 p. 100 employés dans l'industrie, pour arriver à une bonne répartition. Et en même temps qu'il se plaignait que ce fût l'inverse qui existât présentement, il nous a demandé comment pourraient s'effectuer les travaux moins attrayants ou plus pénibles dans le nouvel état de choses et où nous trouverions les travailleurs pour les tâches sacrifiées

Mais d'abord ces tâches sont aujourd'hui accomplies. Ces travailleurs — impossible à recruter — existent ; ils sont dans la mine, dans la verrerie, dans les hauts-fourneaux, et je ne m'explique pas très bien qu'ils s'évanouissent dès demain parce que, par suite de la transformation sociale, au lieu d'être limités au salaire de famine d'aujourd'hui, ils auront à toucher leur salaire actuel, plus le profit servi à l'heure présente à leurs employeurs, et parce que, au lieu de travailler douze heures comme aujourd'hui, ils n'auront qu'à en fournir six ou même moins, par suite de l'accession à la production de tous les membres valides de la société. Plus de métallurgistes, plus de verriers, plus de mineurs, parce que la nouvelle société se présente à eux avec une diminution de l'effort à faire et une rémunération accrue ! Ce n'est vraiment pas sérieux.

On m'objectera peut-être alors : vous les avez aujourd'hui. Mais plus tard ? Au fur et à mesure que la société nouvelle aura créé l'homme nouveau, l'aura développé cérébralement, scientifiquement, des répugnances surgiront à l'égard de certains travaux qui trouvent actuellement des travailleurs parce que ceux-ci sont talonnés par la faim. Le jour où le fouet de la faim ne les conduira plus, ils reculeront devant ce qu'il leur faut subir présentement.

Soit ! Mais ne venez plus nous parler de liberté ouvrière, alors que vous êtes obligés de reconnaître que, n'était le besoin qui, comme un garde-chiourme, les pousse de force, malgré eux, dans certaines usines, ces usines resteraient désertes. (*Très bien! très bien! à l'extrême-gauche.*)

J'ajoute que vous oubliez que la machine est là et que, de plus en plus transformée, généralisée, perfectionnée, elle se chargera de ce qu'il peut y avoir de plus particulièrement répugnant. On peut, sans utopie, prévoir le moment — prochain — où le travail humain, le même dans toutes ses applications, se réduira à une simple surveillance. Cet avenir-là, je le répète, ne saurait être éloigné. Mais d'ici là — je vais donner satisfaction à M. Aynard — c'est à la loi de l'offre et de la demande, dépouillée, par le milieu nouveau, de ses effets liberticides, que nous nous adresserons pour la libre répartition des producteurs entre les diverses et inégales branches de la production.

Supposez que la journée sociale de travail soit, dans la société collectiviste, de six heures. Le rappel des travailleurs est battu, pour les champs à mettre en culture comme pour les mines à épuiser de leur charbon. Si le travail de la mine est tenu pour un surtravail, tout le monde se portera vers les champs : pas de mineurs !

Qu'est-ce que cela voudra dire ? C'est que six heures de travail souterrain ne correspondent pas à six heures du travail au grand air ; qu'il y a lieu, pour recruter les travailleurs nécessaires, de réduire à cinq heures, par exemple, la journée du houilleur. (*Interruptions au centre et à droite.*)

Je réponds sérieusement à une objection sérieuse ; je vous demande, Messieurs, de me laisser continuer. (*Très bien! très bien! à l'extrême gauche.*)

Si ces cinq heures ne suffisent pas pour peupler les fosses, s'il ne se présente pas un personnel suffisant pour l'extraction de la houille, c'est qu'il n'y a pas encore équivalence entre cinq heures de dessous et six heures de dessus, et voilà, par le seul fonctionnement de l'offre et de la demande, une nouvelle réduction qui s'impose, laquelle se traduira, au contraire, en augmentation de la journée, au cas d'un afflux trop considérable de bras. Le jeu de l'offre et de la demande suffira à déterminer, sans arbitraire et sans violence, cette répartition qui vous paraissait tout à l'heure un problème insoluble.

Mais je vais plus loin. En admettant que ni l'habitude déjà prise de la mine, ni le développement du machinisme, ni la loi de l'offre et de la demande fonctionnant dans un milieu d'hommes libres et ayant de quoi subsister, n'arrivent à assurer l'exécution de certains travaux dont personne ne voudrait, nous ne serions pas pour cela à bout de moyens, il nous resterait la réquisition. (*Exclamations au centre et à droite.*)

M. Marcel Habert. — La réquisition n'a rien

d'extraordinaire, puisque les prestations existent toujours.

Paschal Grousset. — Et la vie de caserne !

Jules Guesde. — Mais entendons-nous, j'ai à dessein employé cette expression parce que j'étais sûr des exclamations qui devaient l'accueillir. Vous vous en emparez pour penser, sinon pour dire : « La voilà, la liberté en régime collectiviste ! »

Serait-ce donc nous qui avons inventé la réquisition ? Ne se trouve-t-elle pas dans vos codes ? (*Applaudissements à l'extrême-gauche.*) Si nous étions réduits à y avoir recours, nous ne ferions que vous emprunter un des rouages de la société actuelle. Mais je me hâte de dire que la réquisition de demain ne ressemblerait en rien à la réquisition d'aujourd'hui, en ce sens qu'au lieu de peser sur quelques-uns, elle serait répartie entre tous et, par suite, réduite à bien peu de chose pour chacun. Il y aurait un roulement (*Interruptions à droite et au centre*) établi entre tous les membres valides de la société, chargés, chacun à leur tour, et pour quelques instants, de pourvoir à ce qui serait une des conditions de l'existence sociale.

Vous avez bien le service militaire, qui nous confisque pendant des années : pourquoi n'aurions-nous pas notre service industriel, qui, lui, ne nous prendrait que quelques heures ? (*Mouvements divers.*)

J'ajoute que je suis loin de m'étonner que vous qui, dans cette Chambre, êtes comme M. Deschanel partisans à outrance du partage des produits, vous vous montriez moins disposés à ce partage des besognes pénibles avec ceux que leur déshéritage du patrimoine commun de l'humanité oblige à les accomplir seuls aujourd'hui. (*Applaudissements à l'extrême-gauche.*)

Dejeante. — Ils aiment mieux les produits que la besogne.

Jules Guesde. — Mais si je m'explique votre opposition, je sais également qu'elle n'existe pas dans l'immense majorité ouvrière, qui, elle, ne demande qu'à vous abandonner votre tour de garde, votre part de corvée. (*Très bien ! et rires à l'extrême-gauche.*)

On ne saurait plus, en tout cas, après mes explications, venir exciper devant les travailleurs de l'impossibilité de mettre en mouvement la société de demain, qui, si elle doit reporter sur la minorité privilégiée d'aujourd'hui une partie des charges sociales, justifiera pour eux le mot de Marx : « Ils n'ont à y perdre que leurs chaînes ». (*Très bien ! très bien ! à l'extrême gauche.*)

(*Séance du 24 juin 1896.*)

LA JOURNÉE DE HUIT HEURES

Jules Guesde. — J'en ai fini avec ce que j'ai appelé au début l'interpellation, et j'arrive à mon amendement (1). (*Ah! ah! au centre.*) Je vous demande pardon, mais ce n'est pas moi qui l'ai oublié, c'est la Chambre qui l'a laissé oublier à d'autres. Personnellement, j'ai toujours, quand j'ai demandé la parole sur une question, traité cette question, et rien que cette question.

Avec mes amis j'ai demandé qu'on réduise à huit heures la journée de travail pour les adultes comme pour les femmes et les enfants. Si j'ai déposé cet amendement, ce n'est pas, quoi qu'on vous ait dit, qu'il constitue non pas la réforme

(1) « Il est interdit de faire travailler plus de huit heures par jour et plus de six jours par semaine dans les mines, manufactures, usines, chemins de fer, chantiers et magasins.

« Pour les usines à feu continu ou tout autre travail ne comportant pas d'interruption, il y aura lieu de constituer des équipes en nombre suffisant, de façon qu'aucune ne soit astreinte à fournir plus de quarante-huit heures par semaine. »

socialiste par excellence, mais même une réforme socialiste. Le socialisme n'a rien à voir avec la journée de huit heures. Je pourrais même la qualifier de simple réforme capitaliste.

Un membre. — Alors, nous allons voter contre.

JULES GUESDE. Vous êtes libre de ne pas comprendre les intérêts de votre classe et de votre société ; cela vous regarde, mais les capitalistes intelligents...

A droite, ironiquement. — Il n'y en a pas !

JULES GUESDE... conscients de la situation actuelle de l'industrie, voteront la réduction de la journée de travail que nous vous demandons. (*Interruptions au centre. — Réclamations à l'extrême-gauche.*)

Je suis très tolérant en matière d'interruptions, mais quand elles ne sont pas correctes, tant pis pour les interrupteurs, elles ne m'atteignent pas. (*Très bien ! très bien ! à l'extrême-gauche.*)

Je disais que cette réforme que M. Deschanel, avant-hier, vous présentait comme étant la première des réformes socialistes, n'avait rien à faire avec le socialisme. C'est une réforme qui est d'intérêt général dans la société actuelle ; elle est d'intérêt ouvrier, mais elle est également d'intérêt patronal ; elle est enfin d'intérêt national et social. Voilà l'importance de cette revendication, qui n'est pas née d'hier et qui n'a pas besoin, par suite, comme le voulait M. Deschanel, d'être renvoyée pour études à une série de congrès nationaux et internationaux plus ou moins prochains. Nationaux et internationaux, des congrès se sont tenus depuis 1866, et dans tous il y a eu unanimité sur cette question de la journée de huit heures. C'est en 1866, pour la première fois, qu'au congrès de l'Association internationale des travailleurs réunie à Genève, la journée de huit heures est devenue la revendication des prolétaires de toute l'Europe. De Genève les huit heures sont passées en Australie, et là, elles n'ont plus seulement été revendiquées, elles ont été réalisées.

M. Aynard. — Elles ont ruiné le pays.

Jules Guesde. — La journée de huit heures existe depuis des années, et l'industrie australienne est si peu ruinée qu'elle tient tête victorieusement à toutes les concurrences. La meilleure preuve que la journée de huit heures n'a pas ruiné le pays, c'est qu'après l'avoir inscrite dans la loi, on l'y a maintenue. Il n'a jamais été question de revenir sur cette loi, comme on demande actuellement à la Chambre de revenir sur la journée de dix heures votée en 1892 pour les enfants.

D'Australie, elle a gagné les Etats-Unis, où elle fait partie intégrante du code fédéral.

Combien de fois vous a-t-on dit — mais en négligeant de le démontrer — que la journée de huit heures, c'était un saut dans l'inconnu ? Je voudrais établir pour ceux de nos collègues qui auraient pu ajouter foi aux paroles de M. Deschanel, que, si saut dans l'inconnu il y a, ce saut a été fait depuis longtemps, et que, partout où on l'a fait, on s'en est fort bien trouvé.

Voici le texte de la loi fédérale qui a institué la journée de huit heures dans tous les établissements du gouvernement de la République américaine :

« Article premier. — La journée de travail est fixée à huit heures pour tous les journaliers, ouvriers et artisans, que le gouvernement des Etats-Unis ou le district de Colombie occupent aujourd'hui ou occuperont plus tard. Il n'est exceptionnellement permis de travailler plus de huit heures par jour que dans des cas absolument urgents, qui peuvent se présenter en temps de guerre ou lorsqu'il est nécessaire de protéger la propriété ou la vie humaine. Toutefois, dans ces cas-là, le travail supplémentaire doit être payé en prenant pour base le salaire de la journée de huit heures. Celui-ci ne pourra jamais être inférieur au salaire que l'on paie habituellement dans la contrée. Les journaliers, ouvriers et artisans, occupés par des contractants ou des sous-contractants de travaux pour le compte du gouvernement des Etats-Unis ou du district de Colombie sont regardés comme des employés du gouvernement des Etats-Unis ou du district de Colombie. Les fonctionnaires de l'Etat qui ont des paiements à faire pour le compte du gouvernement aux contractants ou aux sous-contractants doivent, avant de payer, s'assurer que les contractants ou les sous-contractants ont satisfait à leurs obligations vis-à-vis de leurs ouvriers; toutefois, le gouvernement n'est pas responsable du salaire des ouvriers. »

Ainsi la loi ne s'applique pas seulement aux ateliers fédéraux; c'est pour tous les travaux, directement exécutés par l'Etat ou soumissionnés, donnés en adjudication, que la journée de huit heures est devenue la loi aux Etats-Unis.

M. AYNARD. — Pour l'Etat!

JULES GUESDE. Oui, pour tous les travaux de l'Etat!

M. SCHNEIDER. — Proposez-la pour les manufactures nationales!

JULES GUESDE. — Nous l'avons demandée, on nous l'a refusée; et on la refuserait encore, qui sait?

« Art. 2. — Tous les contrats qui seront conclus dorénavant par le gouvernement des Etats-Unis ou pour son compte (ou pour le district de Colombie ou pour son compte) avec une corporation ou une personne quelconque pour la fourniture d'un travail quelconque, seront basés sur la journée de huit heures, et tout contractant qui demanderait ou permettrait à ses ouvriers de travailler plus de huit heures par jour serait en contravention avec la loi, à moins que ce ne soit dans les cas de force majeure prévus à l'article 1er ci-dessus.

« Art. 3. — Ceux qui contreviennent sciemment à cette prescription sont passibles d'une amende de 50 à 1,000 dollars ou d'un emprisonnement pouvant aller jusqu'à six mois, ou des deux peines cumulées. »

Voilà comment la loi des huit heures fonctionne aux Etats-Unis depuis plus de vingt années pour tous les travaux dépendant directement ou indirectement du gouvernement fédéral.

Mais cette journée de huit heures que je vous ai montrée en vigueur en Australie pour les travaux privés, et aux Etats-Unis pour les travaux publics, cette réduction de la journée de travail, je la trouve encore appliquée ailleurs, non plus par l'Etat, non plus au nom de la loi, mais par des patrons que le seul souci de leur propre intérêt a amenés d'eux-mêmes à la réforme que nous attendons de vous.

Vous connaissez tous les résultats de l'expérience tentée sur cette base des huit heures par les constructeurs en fer de Manchester, MM. Mather et Platt. Ils ont été si concluants que, communiqués aux directeurs des principaux départements de l'Etat, ils ont amené à adopter le système des quarante-huit heures de travail hebdomadaires pour l'arsenal militaire de Woolwich, les docks, les fabriques de produits chimiques, etc.

Comme vous le voyez, cette réforme que l'on vous présentait, il y a deux jours, comme étant tellement en dehors des réalités économiques que l'on ne pouvait sans sacrifier, sans suicider l'industrie, l'aborder dans cette Chambre, cette réforme s'est imposée et s'impose de plus en plus dans les pays les plus divers, sous la forme légale ou sous la forme privée.

Mais pouvait-il en être autrement ? Est-ce qu'il était possible d'admettre que les puissances de production allaient se multiplier à l'infini sans qu'il résultât de cette mise au travail du bois, du fer, de l'acier, une diminution nécessaire du travail pour l'outillage de chair et d'os qu'avaient été et que sont encore l'homme, la femme et l'enfant prolétaires ? Est-ce que le corollaire indispensable du progrès industriel, des forces productives nouvelles, découvertes et appliquées, ne devait pas être des loisirs pour l'humanité laborieuse ? Est-ce que la réduction de la journée de travail ne devait pas sortir, comme une heureuse et inéluctable conclusion, du développement inouï du machinisme ?

Ah ! les travailleurs ont été mieux inspirés, plus clairvoyants ; ils se sont mieux rendu compte de ce qui devait se réaliser dans le milieu actuel que ceux qui ont la prétention de diriger la production et qui, se plaignant à chaque instant des crises de surproduction, de ce fait qu'à certains moments ils doivent suspendre tout travail, arrêter les machines, parce que les magasins regorgent et que le marché est encombré, s'obstinent cependant à ne pas comprendre que la seule manière, en régime capitaliste, de restreindre ces crises, de vider les magasins, de désencombrer le marché, de remettre en mouvement tout l'outillage producteur, c'est précisément de réduire le temps de travail qu'ils infligent actuellement à l'ouvrier de tout âge et de tout sexe.

Pas d'autre façon d'introduire un peu d'ordre dans l'anarchie économique d'aujourd'hui que d'abréger la durée de l'effort humain, conjurant ainsi, autant qu'elles peuvent l'être, ces crises de plus en plus fréquentes de surproduction qui pèsent comme des famines artificielles sur le monde moderne.

Et au point de vue national, qui donc pourrait contester que la précoce consommation de l'homme ouvrier dans l'enfant ouvrier ne maintient pas à l'état de déficit permanent les forces vives du pays ?

Qui donc pourrait se refuser à voir la banqueroute physiologique, la pire des banqueroutes, qui se généralise de centre industriel à centre industriel? C'est là le grand mal moderne : l'épuisement de la race humaine, épuisement d'autant plus criminel qu'il est inutile, puisque vous produisez déjà plus que vous ne pouvez consommer, puisque le problème de cette fin de siècle n'est pas « comment produire assez pour satisfaire aux besoins de tous », mais « comment écouler tout ce qui sort des ateliers modernes ». (*Applaudissements à l'extrême-gauche.*)

Au problème de la production a succédé le problème de la consommation, des débouchés ; vous êtes obligés de le constater, toute votre politique coloniale le proclame, — cette politique qui n'appartient à aucun pays en particulier, qui est de l'ordre capitaliste tout entier, puisqu'elle sévit en Allemagne comme en France, en Angleterre comme en Italie, partout.

Il faut de nouveaux marchés pour vos produits, dont vous ne savez que faire. Il faut, par suite, aborder, envahir, — ce que vous appelez encore civiliser, — des pays neufs auxquels vous imposez des marchandises, dont les indigènes n'ont, le plus souvent, nul besoin et que vous les obligez à consommer à coups de canon, alors que vous avez dans votre propre pays, en France, dans la vieille Europe, des millions d'êtres, hommes, femmes, enfants, qui aspirent après ces produits, mais qui sont tellement dépouillés par le salariat, par l'écart qui va s'agrandissant entre leur puissance de production et leurs moyens de consommation, qu'ils ne peuvent saisir au passage ces richesses sorties de leurs mains ; et je ne parle pas de ceux qui sont contraints, comme soldats, comme marins, d'aller à Madagascar, au Tonkin, au Congo, payer de leur vie le nouveau champ de profits ouvert à l'avidité capitaliste.

La journée de huit heures que vous réclame le parti socialiste, la classe ouvrière de partout, se présente comme une solution plus humaine à ce problème des débouchés : d'une part en régularisant une production effrénée, d'autre part en vous apportant de nouveaux consommateurs. Et comment, et pourquoi ? Parce que contrairement à l'erreur répandue, et répandue à dessein par nos adversaires, la réduction de la journée de travail non seulement ne fera pas baisser, mais fera hausser, avec les salaires, la puissance d'achat ouvrière.

J'entendais l'autre semaine M. de Mun invoquer contre ce qu'il appelait « un abaissement excessif, brusque et général de la durée de travail », « la diminution des salaires » qui en devait être le contre-coup. M. de Mun peut se rassurer ! Si la réduction de la journée de travail devait se traduire par un avilissement de la main-d'œuvre, il y a longtemps que les industriels qui sont dans cette Chambre l'auraient inscrite dans la loi. Mais ils savent que plus la journée de travail est courte, plus les salaires sont élevés. C'est l'économie politique qui va nous fournir l'explication de cette apparente contradiction.

Le travail peut être une marchandise particulière, faisant corps avec le producteur, mais il n'en est pas moins une marchandise. Or, ce qui détermine le prix des marchandises, en dehors du coût de production autour duquel il gravite toujours, n'est-ce pas la loi ou le rapport de l'offre et de la demande ? Aujourd'hui, il y a sur le marché une telle quantité d'heures de travail que le prix de la marchandise-travail est au plus bas. La seule manière d'en faire hausser le prix, c'est de la raréfier.

Ils ne l'ignorent pas, les hauts barons de l'industrie, quand ils forment des *trusts*, quand ils se syndiquent pour faire renchérir leurs marchandises en les retirant du marché et en les gardant en magasin jusqu'à ce que les prix aient atteint le taux par eux fixé. Ils connaissent à fond le fonctionnement, le mécanisme de l'offre et de la demande. (*Très bien! très bien! et rires à l'extrême-gauche.*) Heureusement que les travailleurs ont également appris à le connaître aujourd'hui Que voulez-vous ? Quand M. Deschanel cessait d'être un économiste, dans le vieux sens du mot, les ouvriers le devenaient. (*Nouveaux rires sur les mêmes bancs.*) Ils se sont mis à l'étude de l'économie politique avec Marx et après Marx. Ils se sont dit : cette loi de l'offre et de la demande à l'aide de laquelle on nous a si souvent écrasés, il est possible de la retourner à notre avantage. Pour cela, il suffit de réduire, de raréfier la somme ou le temps de travail que nous avons jusqu'à présent porté sans compter sur le marché.

Et l'expérience leur a donné raison. Partout où le travail a été abrégé, vous avez vu au contraire les salaires s'accroître. C'est en Angleterre, où la durée de la journée de travail atteint à peine dix heures ; c'est en Amérique, où elle est, selon les Etats, de dix heures, de neuf heures, voire même de huit heures et demie ; c'est dans tous ces pays-là que les salaires sont au plus haut, alors qu'ils sont, au contraire, au plus bas, là où la journée de travail est la plus démesurée : voyez l'Italie, la Belgique, etc.

Je n'oublie pas que c'est au point de vue de l'intérêt patronal que je défends pour l'instant la journée de huit heures. Et si j'insiste sur l'élévation des salaires qui en est la conséquence, c'est que cette augmentation de la puissance de consommation ou d'achat des masses ouvrières va immédiatement vous assurer ce supplément de débouchés dont vous avez besoin et que vous êtes réduits à chercher, aux dépens des finances publiques et au prix du sang français versé sans compter, dans les régions perdues de l'Afrique et de l'extrême Asie.

Oui, la réduction de la journée de travail à huit heures vaudra, pour notre industrie et notre commerce, toutes les colonies, présentes et futures. En faisant hausser les salaires de 1 fr. seulement en moyenne par jour, pour 4 millions et demi seulement d'ouvriers, cela nous donnerait, par année, plus de 1 milliard 360 millions de débouchés nouveaux à l'intérieur, soit plus du tiers de nos exportations totales.

Mais alors arrive l'objection : Si les salaires s'élèvent dans une semblable proportion, le prix de revient de la production va croître d'autant.

Voilà ce qui apparaît à première vue ; mais les faits donnent à une pareille conclusion un démenti absolu. De même qu'ils ont démontré que les courtes journées de travail coïncident toujours avec les hauts salaires, de même les faits établissent que la puissance de production des travailleurs augmente avec les salaires élevés et la journée de travail réduite.

Sur divers bancs. — Reposez-vous !

M. le Président. — Désirez-vous, Monsieur Guesde, que la séance soit suspendue pendant quelques instants ?

Jules Guesde. — Je vous remercie, Monsieur le Président. Je voudrais auparavant citer quelques chiffres à l'appui de ma thèse.

En France, où la journée de travail est de douze heures en moyenne, le produit moyen par ouvrier est de 3,342 francs. A Paris, où la journée de travail est en moyenne de onze heures, la productivité ouvrière est déjà par ouvrier de 6,132 fr. Dans le Massachusets, où la journée de travail n'est que de neuf heures, la productivité ouvrière atteint 9,997 fr. Aux Etats-Unis, — je prends l'ensemble du pays, — où la journée de travail est de neuf heures, la productivité ouvrière est de 10,194 francs. Enfin dans l'Etat de Jersey, où la journée n'est que de huit heures et demie, c'est à 10,394 francs qu'arrive la productivité ouvrière.

J'ai donc établi que lorsque la journée de travail est réduite, les salaires ouvriers augmentent, en même temps qu'augmente la force productive ouvrière, ce qui suffit à écarter tout péril pour l'industrie ou la production nationale.

Voilà les trois points sur lesquels je tenais immédiatement à attirer votre attention.

Et maintenant, comme le proposait M. le Président, si la Chambre le permet, j'accepterai volontiers une suspension de quelques minutes, avant de continuer et de compléter ma démonstration. (*Applaudissements à l'extrême-gauche.*)

M. LE PRÉSIDENT. — La séance est suspendue pendant vingt minutes.

(La séance, suspendue à quatre heures et demie, est reprise à cinq heures moins 10 minutes.)

M. LE PRÉSIDENT. — La parole est à M. Jules Guesde pour continuer son discours.

JULES GUESDE. — Messieurs, je n'abuserai pas longtemps de votre attention ni de mes forces, mais j'ai à l'appui de la réduction de la journée de travail à huit heures, à faire valoir d'autres considérations.

Après avoir mis en évidence l'intérêt ouvrier, l'intérêt patronal, et l'intérêt social, qui sont en jeu dans la question, j'ai maintenant à indiquer comment cette réduction de la journée de travail — quant à la somme d'heures qu'il serait interdit de dépasser — n'est sortie, ni de la fantaisie de quelques meneurs socialistes, ni des préférences de nombreux groupements ouvriers, mais de nécessités physiologiques dûment constatées. Je vous parle, — et vous l'avez bien compris — de l'expérience décisive citée par le docteur Napias dans sa conférence à l'Association française pour l'avancement des sciences, faite à Limoges le 8 août 1890 :

« Les forces que l'homme peut employer au travail de l'atelier ont des limites qui ont pu être calculées. Pettenkoffer et Voit placent dans une chambre de verre hermétiquement close un ouvrier vigoureux, nourri d'une alimentation mixte se rapprochant de celle qui lui est habituelle, et chargé de tourner une roue autour de laquelle s'enroule une chaîne supportant un poids de 25 kilogrammes.

« En déduisant de la journée de cet homme les interruptions occasionnées par les repas et le repos, il avait fait, à la fin du jour, neuf heures d'un travail assez pénible.

« Cet ouvrier était pesé à son entrée et à sa sortie de la cage de verre ; les aliments aussi étaient pesés et analysés, et on analysait l'air à son entrée dans la cage et à sa sortie. Je ne veux pas entrer ici plus avant dans le détail de cette expérience, mais il suffit que je dise que l'homme, pendant une journée de travail de neuf heures, avait dépensé sous forme d'acide carbonique, 192 grammes d'oxygène de plus qu'il n'avait pu en aspirer pendant le même temps. C'était un déficit, et pour le couvrir il avait fallu qu'il consommât environ 20 p. 100 de la provision d'oxygène emmagasinée dans tout son corps. »

Voilà donc la journée de neuf heures, même pour un ouvrier vigoureux, soumis à une alimentation substantielle, — ce qui n'est pas le cas pour l'immense majorité ouvrière, — convaincue de dépasser les forces humaines.

Il y a usure, destruction de l'organisme humain et, en s'arrêtant au chiffre de huit heures comme maximum de la journée à fournir, les travailleurs ont prouvé que la science existait pour eux, qu'ils entendaient en faire la base de leurs revendications, et j'espère que la Chambre ne voudra pas se montrer moins soucieuse qu'eux de l'hygiène et de ses lois.

Je voudrais maintenant répondre à un autre genre de critique.

On a feint de croire, entre autres la Chambre de commerce de Lyon, qu'il s'agissait d'une réglementation uniforme, dans toutes les industries et dans toutes les régions, de la journée de travail fixée obligatoirement à huit heures ; et l'on a protesté contre cette égalité établie par la loi comme consacrant, en fait, l'inégalité la plus flagrante.

Se plaçant ensuite dans l'hypothèse des nations industrielles s'entendant pour imposer la journée de travail de 8 heures, on a prétendu que cette uniformité mathématique créerait encore les inégalités les plus choquantes parce que, entre l'ouvrier anglais par exemple et l'ouvrier du continent, la différence dans la puissance de production est très considérable.

Ce genre d'arguments pourrait avoir une certaine valeur s'il s'agissait de faire fixer par la loi un minimum d'heures de travail, si les socialistes réclamaient huit heures de travail obligatoires pour tous les ouvriers de tous les métiers et de tous les pays. Mais combien de fois encore nous obligera-t-on à faire remarquer que les *huitheuristes* n'ont jamais, au grand jamais, poursuivi rien de semblable? Ils savent trop — pour avoir été les premiers à le signaler — que dans l'état d'inégal développement mécanique des diverses industries, la dépense non seulement de force musculaire, mais de force nerveuse, varie considérablement d'un métier à l'autre ; et, pas plus qu'ils ne comparent huit heures de jour et huit heures de nuit, ils ne mettent en parallèle huit heures de mine et huit heures de balayage ou de jardinage.

Ce qu'ils demandent, c'est un maximum d'heures de travail, c'est une loi qui interdira de faire travailler plus de huit heures par jour. (*Très bien! très bien! à l'extrême-gauche.*)

Mais, loin de vouloir astreindre uniformément à ces huit heures les millions d'hommes et de femmes que leur exclusion de toute propriété condamne, pour vivre, à la vente quotidienne de leurs bras ou de leur cerveau, nous espérons bien que, selon les métiers ou dans la mesure où le permettra la puissance de leur organisation corporative, les ouvriers contraindront leurs employeurs à ne les employer que sept, six et cinq heures sur les huit légalement autorisées.

En d'autres termes, la limite de huit heures, établie socialement, correspond pour nous à la limite de vingt-quatre heures posée de tout temps par la nature — c'est-à-dire par la rotation de la terre sur elle-même — à l'exploitation capitaliste. Il y a, de par ce *jour terrestre* de vingt-quatre heures, impossibilité pour le patronat d'imposer à ses victimes une journée de travail de plus de vingt-quatre heures ; il y aurait, de par le *jour social* de huit heures, impossibilité également pour le même patronat d'imposer aux mêmes victimes une journée de plus de huit heures.

Mais de même que, dans le maximum naturel de vingt-quatre heures, le nombre des heures de travail a constamment varié par industrie et par pays : ici, en Angleterre, de neuf heures ; là, en France, de douze ; ici, chez les mineurs de Northumberland, de sept ; là, chez nos tisseurs du Nord, de onze ; de même, dans le maximum légal de huit heures, il y aurait place pour une inégalité d'heures de travail, fondée précisément sur ce qu'on nous reproche de négliger : la diversité des industries et de l'effort qu'elles exigent, ainsi que des circonstances auxquelles plusieurs sont encore soumises, mortes-saisons, emploi des forces mécaniques, etc.

C'est dans cet esprit — qui laisse pour compte à nos adversaires la réglementation uniforme, l'égalité mathématique, et autres erreurs qu'ils nous reprochent — que nous avons toujours mené la campagne des huit heures, et c'est dans cet esprit que la Chambre est appelée par nous à la faire aboutir.

Il me reste maintenant, puisque mon amendement vise non seulement les enfants, les filles mineures et les femmes, mais aussi les hommes faits, à expliquer comment il nous paraît impossible de faire une distinction dans les travailleurs qu'il est question de protéger.

Je pourrais appeler à mon secours, sur ce point, M. Deschanel lui-même, obligé de reconnaître que le contrat de travail n'a rien de commun avec un libre contrat, parce que l'ouvrier, en vendant sa force de travail, se vend en réalité lui-même, d'où impossibilité de parler de liberté en présence d'une pareille vente.

La liberté ouvrière n'existe pas plus pour les adultes que pour les femmes et les enfants; etquand j'entendais M. Labat, dans une séance précédente, nous donner comme type et en même temps comme idéal de la société libérale d'aujourd'hui un système qui consiste à dire à l'homme : « Tu es libre de faire le travail que tu voudras, de choisir ta profession, de travailler le nombre d'heures que tu voudras, mais à la condition de mettre en jeu ta responsabilité », je me disais — et vous vous direz comme moi — que cet homme libre de faire le travail qu'il voudrait, de choisir sa profession, de travailler autant d'heures qu'il lui plairait, est un mythe ; il n'est qu'un mythe, comme cet autre homme dont les droits ont été solennellement proclamés en 1789. Ce n'est pas là un homme de chair et d'os ; c'est un fantôme, c'est une entité métaphysique, qui fait très bien comme argument de polémique. Cherchez-le dans tous les ateliers de France et d'ailleurs, vous ne le trouverez nulle part. Vous figurez-vous un patron à qui un ouvrier viendrait demander de l'embaucher en lui tenant ce langage : « Employez-moi, mais je vous préviens que je n'entends travailler que cinq ou six heures. » Vous entendez sa réponse d'ici, en admettant qu'il daigne répondre : « Pardon ! mais mon règlement ne connaît que la journée de douze heures. C'est à prendre ou à laisser. Douze heures ou rien à manger ! » De liberté, il n'en existe pas, il ne saurait en exister pour le prolétaire, pris entre la faim et la volonté patronale. Ce ne sont pas seulement les faits qui l'affirment, ce sont les hommes que nous sommes habitués à considérer comme nos adversaires, ce sont des modérés, des conservateurs, comme M. Hector Depasse par exemple qui, dans un journal de préfecture, le *Progrès du Nord*, écrivait, il y a quelques heures à peine :

« La liberté de l'homme ouvrier, chargé de sa femme et de ses enfants, n'est qu'une fiction parlementaire pour le tenir asservi. Il n'y a pas de liberté du travail, il n'y a pas de liberté économique dans les conditions où nous sommes.

Il s'agirait précisément de créer cette liberté. »

La journée de huit heures est un moyen, le seul dans le milieu capitaliste, de donner de la liberté, un peu de liberté à la classe ouvrière.

Il n'y a, en effet, de liberté pour l'ouvrier qu'en dehors de l'usine. Avant son entrée dans la fabrique, oui ; après sa sortie, oui ; tant qu'il y est, jamais ! Il ne s'appartient pas, il n'est qu'un rouage du vaste outillage qu'il est appelé à mettre en mouvement. Ce n'est même pas la volonté de l'employeur qui en a ainsi décidé, c'est la machine qui commande à l'employeur comme à l'employé, c'est la chose qui domine l'homme et lui impose sa loi. Car cette discipline qui régit l'atelier capitaliste, nous l'avons toujours déclaré, nous, socialistes, elle existera également dans l'atelier socialiste. (*Mouvements divers.*)

Mais c'est évident, elle n'a pas sa racine dans le bon plaisir ou l'arbitraire de quiconque ; elle naît des conditions mécaniques de la production, des nécessités mêmes de la vapeur en action. (*Très bien ! très bien ! à l'extrême-gauche.*)

Donc, pas de liberté à l'intérieur de l'usine ; la liberté ne peut être qu'en dehors du travail industriel ; c'est pourquoi, si vous limitez le temps du travail dans l'atelier, si vous réduisez la journée de travail de douze heures à huit heures, vous accordez en réalité à l'ouvrier quatre heures de liberté.

Il est entendu que nous ne parlons pas ici du

travail accompli par un homme qui est à lui-même son propre patron, son propre employeur. Jamais la revendication que nous formulons ici n'a visé ceux qui travaillent pour leur propre compte et qui n'emploient pas de salariés ; elle ne vise que ceux qui font travailler.

En dehors de l'usine, où il a cessé d'être un homme pour devenir une chose, l'ouvrier, s'il possède ou a loué un morceau de terre, sera libre de le cultiver. A quelque travail personnel qu'il veuille se livrer, liberté encore et toujours. Il n'est pas question, il ne saurait être question de restreindre la liberté du travail, mais seulement la liberté de ceux qui exploitent le travail des autres, parce que la liberté de ceux qui font travailler est en antagonisme direct avec la liberté de ceux dont ils ont acheté la force-travail. (*C'est cela ! Très bien ! à l'extrême-gauche.*)

Pour que les ouvriers soient libres, il faut que les patrons cessent de l'être. Ce n'est pas nous qui avons créé le milieu qui engendre cette contradiction. Loin d'être menacée, loin d'être atteinte, la liberté prolétarienne sera constituée, et elle ne peut être constituée que par l'interdiction de prolonger plus de huit heures l'esclavage du travailleur.

Dans la mesure, d'autre part, où elle peut être assurée, dans le milieu homicide d'aujourd'hui, c'est la vie humaine garantie ; ce sont des loisirs pour penser, pour agir, pour être un membre utile de la famille et de la société, mis à la portée de ceux sans le travail desquels il n'y aurait pas d'existence sociale.

Je sais bien qu'à propos de ces loisirs, quelques-uns n'ont pas craint de dire : On les dépensera au cabaret ; ce sera autant de débouchés nouveaux ouverts à l'alcoolisme.

On l'a dit, et sans m'arrêter au caractère injurieux de cette objection pour une classe tout entière — et quelle classe ! celle qui est la providence de tous — je ferai remarquer que les faits tiennent un langage absolument contraire. Ce sont les inspecteurs du travail en Suisse, en Angleterre, qui partout ont dû constater que plus la journée de travail était courte, plus l'alcoolisme disparaissait, parce que le besoin d'alcool est en raison directe du surmenage, de l'épuisement de l'organisme ouvrier. (*Applaudissements sur les mêmes bancs.*)

Partout où la journée de travail a été réduite, on a vu la moralité ouvrière s'accroître, on a vu un homme supérieur se constituer et se développer.

Je le répète, ce sont les faits qui parlent ainsi ; ce n'est pas mon témoignage que j'apporte : c'est le résultat d'une longue et unanime expérience.

De telle sorte que, pour repousser cette réduction de la journée de travail, dans les conditions que je viens d'indiquer en hâte, après les longues épreuves auxquelles elle a été soumise, il faudrait en réalité que votre pensée de derrière la tête se rattachât à ce mot de Guizot, sous la monarchie de Juillet : « Le travail est un frein. » Ce n'est qu'en accablant de travail la classe ouvrière que l'on peut arriver à la dominer, à en faire éternellement la classe gouvernée, en l'abêtissant par le surtravail. (*Très bien! très bien! à l'extrême-gauche.*)

Si telle n'est pas votre politique, si vous ne voulez pas vous associer à un pareil complot, à un pareil crime contre l'immense majorité de la nation, il vous faudra voter la réforme que nous vous réclamons, parce qu'il est impossible d'invoquer contre elle un autre motif que la peur de l'ouvrier devenant homme, occupant ses loisirs à son développement personnel, à l'affranchissement de sa classe, et d'autant plus fort pour conquérir la liberté finale, la liberté définitive.

Si vous vous refusez à un pareil calcul, si vous repoussez comme une suprême injure cette seule supposition, vous serez obligés de laisser passer une mesure qui se présente, dans les conditions actuelles de travail, comme le maximum d'ordre, d'hygiène, de liberté et d'humanité.

En réalité, savez-vous ce qu'il y a au fond de la journée de huit heures? Purement et simplement une sorte de droit des gens à créer dans la guerre industrielle d'aujourd'hui. (*Applaudissements à l'extrême gauche.*) Il s'agit, dans cette concurrence, dans cette lutte pour le profit qui se livre d'atelier à atelier, de commune à commune, de nation à nation, de mettre à l'abri, — comme dans d'autre genre de guerre, — tout ce qu'il est possible de sauver de la vie et de la liberté humaines.

Tel est le sens, la portée, de la réforme dont nous avons reçu mission de saisir cette Chambre, mission qui nous a été donnée, non pas seulement, comme je vous le disais au début, par le premier congrès de l'Association internationale des travailleurs, en 1866, mais par tous les congrès qui se sont tenus en France et hors de France, depuis le congrès national du Havre, qui, en 1880, donnait naissance à notre Parti ouvrier, jusqu'au dernier congrès international réuni à Zurich, en 1893. Dans toutes ces assemblées représentatives du monde du travail, une seule voix, un seul cri : La journée de huit heures ! Journée de huit heures comme moyen de réduire à leur minimum les maux de la société actuelle, comme moyen, d'un autre côté, d'armer le prolétariat pour ses batailles futures ; batailles au bout desquelles il y a, non seulement pour le prolétariat, mais pour la société tout entière, la liberté, le bien-être, le bonheur auxquels nous avons droit. Car si on nous a représentés comme ne voyant, dans la question sociale à résoudre, qu'une classe à substituer à une autre classe, si on a été plus loin, nous accusant ici même de ne poursuivre que le remplacement des propriétaires d'aujourd'hui par les propriétaires de demain, on a reculé les bornes de la calomnie. Non, la révolution à laquelle nous nous sommes voués ne tend pas à mettre une classe au lieu et place d'une autre classe. Nous que l'on accuse d'avoir inventé la guerre de classe, nous poursuivons au contraire la réalisation d'une société dans laquelle il n'y aura plus de classes, dans laquelle, par conséquent, toute guerre aura disparu (1).

(*Séance du 24 juin 1896.*)

(1) La première partie de l'amendement, jusqu'au mot « mines », est repoussée par 392 voix contre 152.
La deuxième partie, par 430 voix contre 96.

CONSEIL SUPÉRIEUR DU TRAVAIL

Jules Guesde. — Mes amis et moi, nous demandons que, par moitié au moins, le Conseil supérieur du travail revête la forme élective et sorte soit des chambres syndicales ouvrières, considérées comme la représentation naturelle du prolétariat dans son ensemble, soit du suffrage universel direct des ouvriers des divers métiers, ainsi qu'il est procédé pour les délégués à la sécurité des ouvriers mineurs. Si j'ai à m'excuser de quelque chose, ce n'est pas de la proposition elle-même, c'est de son caractère outrageusement modéré. Nous nous bornons à demander que la moitié du Conseil supérieur du travail soit remise à l'élection ouvrière, alors que dans d'autres pays, alors qu'aux portes de la France, alors qu'en Suisse le Conseil supérieur du travail, qui s'appelle là-bas le Secrétariat national du travail, est tout entier basé sur l'élection. Ce sont les chambres syndicales, ce sont les organisations de métiers qui nomment le secrétaire et le sous-secrétaire du travail, lesquels sont tous les deux appointés sur le budget fédéral. C'est l'État, en Suisse, qui fournit les fonds ; quant aux fonctionnaires, aux représentants du travail, ils sont choisis par les travailleurs eux-mêmes. Je crois qu'il n'y a rien d'exagéré à vouloir qu'on fasse en France la moitié de la réforme qui est un fait accompli de l'autre côté des Alpes.

Il y a d'ailleurs, même dans notre pays, des précédents à l'appui de notre proposition, ne serait-ce que le Conseil supérieur de l'instruction publique. Ce conseil n'émane-t-il pas, en effet, de l'élection ? Ce n'est pas le ministre qui choisit, ce sont les professeurs, ce sont les instituteurs, qui délèguent eux-mêmes les hommes de leur choix auprès du ministre de l'instruction publique.

M. Mirman. — Ils ne les nomment pas tous : ils n'en nomment que quelques-uns.

Jules Guesde. — Je ne dis pas que tout le Conseil supérieur de l'instruction publique sorte du corps enseignant, mais en tout cas j'ai le droit de constater la différence considérable qui existe entre le Conseil supérieur du travail, tel qu'il est constitué aujourd'hui, et le Conseil supérieur de l'instruction publique, tel qu'il fonctionne depuis un certain nombre d'années. Je demande simplement l'introduction du principe électif dans le Conseil supérieur du travail, alors que ce principe est admis comme la règle pour la formation du Conseil supérieur de l'instruction publique.

Vous avez, d'autre part, un Conseil supérieur du

commerce et de l'industrie dont a été détaché précisément le Conseil supérieur du travail organisé par décret en 1891. Qu'il ne soit pas le produit direct de l'élection, je le sais ; mais ce que vous savez comme moi, c'est que ce sont les présidents des chambres de commerce des grandes villes de France qui le composent en majeure partie. Vous avez donc fait appel aux commerçants, aux industriels eux-mêmes, en prenant leurs élus ; et si nous nous trouvons, par suite, en face de l'élection à deux degrés, ce n'en est pas moins le principe électif qui régit en réalité cette représentation de l'industrie et du commerce.

Pourquoi n'en serait-il pas de même de la représentation du travail, qui n'a de raison d'être qu'autant qu'elle est fournie par les travailleurs eux-mêmes ? Les commerçants, les industriels, les employeurs ayant déjà leurs représentants auprès du ministre du commerce, lorsque vous vous êtes décidés à constituer un Conseil supérieur du travail, à moins que vous n'ayez voulu simplement jeter de la poudre aux yeux des ouvriers, ce que vous avez voulu, ce que vous avez dû vouloir, c'est vous entourer des représentants, des mandataires du monde du travail. Or, comment avez-vous procédé ? Vous avez appelé dans ce conseil spécial des députés, qui sont des travailleurs, je le veux bien, surtout quand ils tiennent deux séances comme aujourd'hui — quoique nous n'arrivions pas encore à faire huit heures ;

— vous avez appelé des sénateurs, des directeurs de chemins de fer, de grands patrons, de grands industriels, voire même des ouvriers : il y en a jusqu'à sept, sur les 60 et quelques membres à la nomination du ministre ou de droit. Je dis que ce n'est pas une représentation suffisante et qu'en tous les cas les ouvriers ainsi appelés ne représentent pas leurs pairs, leur classe, et que votre conseil ne répond pas à sa raison d'être, du moment qu'il ne jaillit pas de la libre consultation des travailleurs.

Notre proposition vous laisse le choix entre deux modes d'élection, parce que, si nous avions conclu à l'élection obligatoire par les syndicats, nous nous serions heurtés dans cette Chambre à des protestations nombreuses. Vous n'admettez pas, en effet, la majeure partie d'entre vous au moins, les syndicats existants comme représentation régulière, naturelle et légitime du prolétariat en tant que classe. Vous pensez, d'autres disent : Ce n'est qu'une minorité d'agités et d'agitateurs. Pourtant, votre loi sur les syndicats a été promulguée pour tous ; tous les travailleurs ont eu la même liberté d'en user pour s'organiser et se défendre, et je ne vois pas pourquoi ceux qui ont été les premiers à répondre : présent ! à l'appel du législateur, pourraient être diminués de ce chef, mériter votre méfiance. Malgré tout, cette méfiance existe et j'en tiens compte.

Je ne viens donc pas exiger de vous qu'il soit

procédé à l'élection par la minorité des travailleurs organisés ; je veux vous laisser la liberté d'opter pour un autre mode d'élection plus large, embrassant à la fois les syndiqués et les non-syndiqués, comme vous l'avez fait pour les délégués à la sécurité des ouvriers mineurs.

Vous avez alors, pour la première fois, introduit dans notre législation un principe que je considère comme éminemment social. Vous vous êtes adressés au suffrage corporatif ; vous avez dit : Vous êtes un groupement ouvrier, vous êtes une corporation d'hommes exécutant les mêmes travaux, soumis aux mêmes servitudes, exposés aux mêmes dangers ; vous constituez une collectivité au moins au même titre que la commune, le département, et je pourrais même dire, au même titre que la nation entière ; vous vivez d'une vie spéciale. Eh bien, c'est à vous, dont cette vie est menacée tous les jours, que nous faisons appel pour que vous pourvoyiez vous-mêmes à votre propre sécurité.

Vous l'avez fait dans des conditions insuffisantes, que nous vous avons demandé à plusieurs reprises de rectifier et de compléter ; c'est entendu. Mais enfin ce premier pas — dans une voie où il faudra de plus en plus s'engager — existe, et j'ai le droit de m'en emparer pour obtenir de vous que vous fassiez, pour les ouvriers des autres métiers, ce que vous avez fait pour les ouvriers des mines. Il vous est possible d'organiser le suffrage corporatif dans les différents corps de métier ; il vous est possible de faire élire par ces diverses catégories ouvrières leurs délégués, leurs représentants, leurs mandataires auprès du ministre du commerce, à titre consultatif. Car il s'agit pour l'instant de leur donner simplement une voix pour formuler leurs réclamations, et non de leur délier les mains. Vous ne leur donnerez pas la puissance d'agir, mais seulement la possibilité de parler, de formuler leurs revendications. Vous permettrez, en un mot, au prolétariat d'arriver avec son verbe propre jusqu'au gouvernement de la République elle-même. Voilà ce que nous attendons de vous. Serait-ce trop ?

Il n'est pas même question de remettre à l'élection du prolétariat votre Conseil supérieur dans son entier ; nous nous bornons à vous en réclamer la moitié ; l'autre moitié, vous la constituerez comme bon vous semblera, avec des fabricants, des employeurs, avec ceux dont les intérêts sont au moins différents des intérêts des prolétaires, s'ils ne leur sont pas toujours et nécessairement antagoniques.

Ce que nous vous demandons, c'est de faire une part à la classe ouvrière, c'est de laisser pénétrer, dans cette représentation du travail, des travailleurs ayant la confiance de leur classe. Sinon, votre Conseil supérieur du travail sera, non pas ce qu'il devrait être, c'est-à-dire un acte de confiance vis-à-vis du prolétariat, mais bien un acte de défiance à son égard.

C'est ainsi que dans le monde des ateliers on a traduit votre décret de 1891. Rappelez-vous les résolutions votées par les syndicats, le langage unanime des journaux ouvriers à la lecture de ce décret. De toutes parts, on s'est écrié : « C'est en dehors de nous ! c'est donc contre nous que ce conseil a été créé. » Et ils n'avaient pas tort ; ils ne devaient pas, malheureusement, avoir tort.

Pour me résumer, je vous demande de transformer l'institution nécessaire que vous avez introduite dans notre organisme gouvernemental; je vous demande de la modifier dans le sens d'une représentation réelle des intéressés, du prolétariat, à qui il s'agit de donner voix au chapitre — sa propre voix ; et j'espère que la Chambre me donnera raison.

Je l'espère d'autant plus que tous ici vous faites profession d'être des hommes de paix sociale, que vous niez les classes et la fatalité de leur antagonisme, que pour vous, en un mot, dans le milieu économique actuel peuvent évoluer pacifiquement, sans sacrifice et sans suicide, les intérêts des uns et des autres, de la classe employée et de la classe employeuse. Vous voudrez alors travailler à cette paix sociale en votant ce qui est l'objet de notre proposition, c'est-à-dire la moitié du Conseil supérieur du travail attribuée à l'élection ouvrière, soit par l'appel direct au syndicat, soit par l'appel au suffrage universel corporatif des différents corps de métiers organisés sur la base où vous avez organisé le suffrage corporatif des ouvriers mineurs. (*Applaudissements à l'extrême-gauche.*)

Messieurs, M. le ministre n'a répondu à aucun des points de mon argumentation. Il vous a dit, ce que je savais, que le Conseil supérieur du travail n'était pas une assemblée législative, qu'il n'avait pas à faire œuvre de législation, que c'était simplement un instrument d'enquête. Je le sais. Mais cet instrument d'enquête ne vaut que dans la mesure où précisément l'enquête aura été dirigée par ceux qui peuvent en fournir les éléments.

Quand vous avez constitué le Conseil supérieur du commerce et de l'industrie, l'avez-vous composé d'agriculteurs, de professeurs de nos collèges et lycées, ou, au contraire, l'avez-vous formé de représentants des chambres de commerce et d'industrie ? Vous vous êtes entouré de compétences particulières ; vous avez fait appel à certains intérêts qu'il s'agissait de satisfaire et qui ne pouvaient être mieux défendus que par les intéressés eux-mêmes.

Je vous demande de faire pour le Conseil supérieur du travail ce que vous avez fait pour le Conseil supérieur de l'industrie et du commerce ; je vous demande de remettre cet instrument de consultation et d'enquête entre les mains des travailleurs eux-mêmes.

M. le Ministre du commerce. — Le Conseil supérieur du commerce n'est pas électif.

JULES GUESDE. — Le Conseil supérieur du commerce n'est pas électif, dites-vous ? Je ne l'ignore pas ; mais je sais aussi quels sont les éléments qui le composent : ce sont les présidents des chambres de commerce d'Angers, de Bayonne, de Bordeaux, de Calais, de Chalon-sur-Saône, du Havre, de Marseille, de Mazamet, de Nancy et de vingt autres villes. Vous prenez donc, pour les ériger en corps consultant, les élus des commerçants et des industriels. Vous ne sortez pas de ce rayon et vous avez raison : c'est bien ainsi la voix du commerce et de l'industrie qui pénètre jusqu'à vous par l'organe de ce conseil supérieur. Eh bien ! il s'agit également de laisser arriver à vous la voix des ouvriers par l'intermédiaire d'un Conseil supérieur du travail qu'ils éliraient par moitié. (*Très bien ! très bien ! à l'extrême-gauche.*)

M. LAVY. — D'ailleurs, le Conseil supérieur de l'instruction publique est élu.

JULES GUESDE. — M. le ministre vous dit : Il n'y a pas lieu à une représentation spéciale du travail, parce que c'est la Chambre qui représente tout le travail dans ce pays. Qu'il me permette de lui faire remarquer que tel n'est pas l'avis de M. le Président du conseil, qui a déposé un projet de loi tendant à une représentation particulière pour l'agriculture et qui admet très bien l'élection, pour cette représentation spéciale de la terre, des propriétaires du sol, dont les intérêts ne constituent qu'une partie de l'intérêt général.

Pourquoi donc l'élection qui est bonne pour un Conseil supérieur de l'agriculture serait-elle mauvaise pour un Conseil supérieur du travail (*Applaudissements à l'extrême-gauche*), lorsque par travail nous entendons l'élément ouvrier proprement dit, la classe qui, dépouillée de ses moyens de production, est condamnée à vivre de son travail ou à mourir ? Je ne comprends pas, lorsque nous formulons une pareille revendication, l'opposition qui nous arrive du banc ministériel. (*Très bien ! très bien ! sur les mêmes bancs.*)

Quant au propos que vous avez rapporté, Monsieur le Ministre, je ne veux pas vous en rendre responsable, parce que vous avez pu le relever dans certaine presse où il a traîné ; vous devriez cependant savoir mieux que personne quel crédit il faut attribuer au langage des journaux. Vous n'avez pour cela qu'à consulter les vôtres. (*Très bien! très bien! sur les mêmes bancs. — Interruptions au centre.*)

M. Adrien Lannes de Montebello. — Et les vôtres aussi ! (*Très bien ! très bien! au centre.*)

Jules Guede. — Mais je tiens à le déclarer, jamais il ne s'est trouvé au congrès international de Londres un socialiste pour jeter à la tête des syndicats soit de France, soit d'ailleurs, l'accusation d'être simplement le produit d'un timbre de vingt-cinq sous.

J'ai dit et j'ai pu dire, lorsque je me suis trouvé en présence d'organisations fictives dont on opposait les délégués à des élus socialistes de cette Chambre, j'ai pu et j'ai dû dire qu'un timbre de vingt-cinq sous suffirait à annuler la volonté dûment constatée, le mandat régulier, de 6 ou 8,000 électeurs socialistes.

Mais je visais certains hommes, je visais certains groupes qui n'existaient pas. (*Très bien ! très bien ! sur les mêmes bancs. — Exclamations au centre.*) Nous avons fait, depuis, notre enquête à Amiens, et nous avons acquis la preuve que la chambre syndicale dont j'avais en vue les deux soi-disant représentants n'avait jamais existé.

Mais que nous, socialistes, nous ayons jamais soupçonné la France syndicale, donné à entendre qu'elle n'était pas la représentation légitime et agissante du prolétariat français, je le nie. Dans tous les cas, votre argument, Monsieur le ministre, tombe à côté, puisque ce dont je vous ai accusé, vous, au banc des ministres, c'est précisément de ne pas tenir suffisamment compte de l'organisation syndicale.

M. le Ministre du commerce. — Je n'ai pas encore nommé un seul membre du Conseil supérieur du travail, à l'exception de M. Mesureur.

Jules Guesde. — Je ne vous rends pas responsable de la composition actuelle du Conseil supérieur du travail. Je ne fais pas même le procès au Conseil dans ses éléments constitutifs. J'attaque simplement son origine. Je dis qu'il ne sera une commission consultative du travail qu'autant que les travailleurs auront été consultés et appelés à le constituer, et auront été, par l'élection, mis en mesure de pouvoir organiser leur propre représentation. Et j'ajoute que je n'ai réclamé pour la France ouvrière que la moitié du conseil qui doit la représenter en son entier. (*Très bien ! très bien ! à l'extrême-gauche.*)

Vous n'avez pas non plus répondu à l'argument tiré du Conseil supérieur de l'instruction publique. Là, vous n'avez pas pu nier qu'il y avait élection, et pourtant le Conseil supérieur de l'instruction publique n'a pas non plus à faire œuvre de législation. Il est un comité consultatif au même titre que le Conseil supérieur du travail actuellement en discussion.

M. le Ministre du commerce. — Un conseil professionnel !

Jules Guesde. — Mais je ne vous demande pas autre chose. Ce que nous voulons, c'est que le Conseil supérieur du travail soit composé de professionnels, d'ouvriers de divers métiers, mécaniciens, fileurs, tisseurs, de toutes les corporations en un mot, appelés, en nommant leurs mandataires, à formuler leurs revendications, à vous faire connaître leur situation, les conditions du travail dont ils souffrent et qu'ils supportent tous les jours.

Je dis que, à ce point de vue, il me paraît impossible que la Chambre s'associe à l'acte de méfiance de M. le Ministre du commerce et qu'elle dise aux travailleurs : « Nous maintiendrons un Conseil du travail dont vous serez exclus, dans lequel vous n'aurez pas voix au chapitre, dans lequel, s'il pénètre quelques-uns des vôtres, ce sera non pas vos élus, mais les nôtres, perdus dans une majorité d'employeurs ou de patrons. On parlera pour vous, et vous seuls n'aurez pas la parole. »

Je vous demande, Messieurs, d'ouvrir à moitié cette bouche ouvrière, fermée jusqu'alors. J'insiste pour que, par un vote de confiance envers la France prolétarienne, la Chambre restitue aux travailleurs la moitié de leur droit, l'élection par moitié du Conseil supérieur du travail. (*Applaudissements à l'extrême-gauche*).

LA QUESTION DES SUCRES

Jules Guesde. — Messieurs, notre honorable collègue, M. Boyer, demandait tout à l'heure au Gouvernement de prendre les mesures nécessaires contre l'importation en France de la peste bubonique, de la peste noire ; je serai moins exigeant : je viens tout simplement demander au Gouvernement et à la Chambre de ne pas importer eux-mêmes dans notre pays, en la prenant en Allemagne et en Autriche, la peste blanche sous le nom et sous la forme de primes à l'exportation ou à la sortie des sucres. (*Rires sur divers bancs.*) Je considère, en effet, — et je ne suis pas le seul, — que ce prétendu remède à la crise actuelle se présente, au contraire, comme de nature à aggraver cette crise, à l'intensifier.

Je remarque tout d'abord, Messieurs, que, jusqu'à présent, un très grand nombre de nos collègues ont pris la parole dans le débat engagé et qu'aucun d'eux n'a tenté de justifier en elles-mêmes ces primes véritablement extraordinaires. Tous vous ont dit — je parle de ceux qui les réclament à la Chambre et qui comptent l'obtenir d'elle : — « Ce sont des armes de guerre qu'on a forgées en dehors de nous et qu'il nous faut, pour notre défense, employer à notre tour. »

Ç'était une façon de s'excuser d'être obligés de recourir à de pareils procédés.

On a ainsi prétendu que ces primes répondraient à une haute pensée patriotique qui devait dominer ce débat. Etrange patriotisme, en tout cas, celui qui consiste à organiser la vente à très bas prix, à vil prix, à l'étranger, d'un produit national qu'on entend vendre cher, très cher, à ses propres compatriotes !

Quelle est, en effet, la caractéristique de ces primes ? Il s'agit d'encourager la fabrication en vue de la vente à perte à l'étranger, quitte à faire couvrir la différence entre cette vente à perte et le prix de revient, augmenté d'un profit, par les contribuables ou par les consommateurs nationaux. Je ne veux pas insister sur ce que présente de singulier cette protection dite nationale qui ne protège que la consommation extérieure, en même temps qu'elle grève autant qu'elle le peut et de plus en plus la consommation intérieure. (*Très bien ! très bien ! à l'extrême-gauche.*)

Laissant de ce côté ce point — si important soit-il — de la question, j'arrive immédiatement à ce que je considère comme le nœud de la présente discussion, c'est-à-dire à ceci : avec les primes qu'on vous propose et que vous voterez peut-être, que dis-je ? que vous voterez très probablement, ce n'est pas une solution qu'on vous apporte, c'est une aggravation de la situation, si mauvaise soit-elle, d'aujourd'hui.

On a prétendu que les bonis de fabrication ou les primes à la production n'étaient pas nécessairement des primes à l'exportation. Soit! Mais ce qu'on ne saurait contester, c'est que les primes à l'exportation ou à la sortie sont, ne peuvent pas ne pas être, des primes à la production et, par suite, dans l'état actuel, à la surproduction.

Or, ce dont souffre actuellement l'industrie sucrière, non seulement en France, mais dans le monde entier, c'est d'une surproduction croissante ; ce sont les stocks, qui ne sont pas le privilège exclusif de la France, mais la loi générale de la fabrication sucrière dans le monde entier, ce sont ces stocks, de plus en plus considérables, qui constituent en eux-mêmes la crise, toute la crise.

En poussant à la fabrication, par l'espérance, par l'appât de nouveaux débouchés, vos primes à la sortie ne feront qu'ajouter à la surproduction générale. Ce sera le seul effet appréciable, réel, de la nouvelle protection qu'on vous réclame, ainsi que vous pourrez vous en rendre compte si vous jetez les yeux sur l'état du marché des sucres dans le monde.

J'ai là les chiffres de la production pour l'exercice courant. Ils me sont fournis par MM. Villett et Gray, de New-York, et ont paru dans *le Journal des fabricants de sucre* d'hier, 27 janvier ; or, cette production mondiale, de l'année dernière à cette année, est montée de 7.269.710 tonnes à 7.707.500 tonnes, soit, en chiffres ronds, une surproduction de 500.000 tonnes venant s'ajouter à la surproduction accumulée des années précédentes. Et pourtant l'année courante a été une année privilégiée, car, hélas ! les années privilégiées, dans la société capitaliste, ce sont les années de catastrophe. (*Très bien ! très bien ! à l'extrême-gauche.*)

Le privilège de cette année, c'est la guerre qui se poursuit depuis je ne sais combien de mois à Cuba et qui a arrêté, qui a supprimé la production sucrière de la grande île encore espagnole. Si cette guerre n'avait pas eu lieu, s'il n'y avait pas eu là-bas un amoncellement de ruines, de sang répandu à flots, des montagnes de cadavres, ç'aurait été 500.000 ou 600.000 tonnes de plus qui, doublant la surproduction de 1896-97 et la portant à 1 million ou 1.200.000 tonnes, auraient encombré les différents marchés intérieurs et demanderaient qu'on leur ouvre le marché extérieur, lui-même déjà engorgé, déjà saturé.

Non ! avec vos primes, vous n'arriverez pas à dégager le marché intérieur ; vous ne ferez, par une apparence de protection, par l'illusion d'un débouché, de plus en plus impossible, que provoquer, que précipiter dans notre pays la catastrophe qui pèse, inévitable, sur les différents pays à fabrication sucrière.

Mais ce n'est pas seulement à ce point de vue que les primes à l'exportation me paraissent constituer un danger, en ce sens qu'elles ne peuvent, si elles jouent, que porter de l'eau, non pas même à la rivière, mais à l'inondation ; c'est encore en ceci que vous surexcitez tous les appétits avec cette rallonge mise au régime protectionniste.

Le régime protectionniste, première manière, consistait à élever, sous la forme de tarifs douaniers, autour d'un pays, une grande muraille de la Chine assurant aux produits nationaux le marché intérieur, de façon à les faire renchérir et à leur obtenir ce qu'on appelait des prix rémunérateurs. C'était là le but de l'ancienne protection qui fermait la frontière aux produits étrangers, en vain appelés, demandés, désirés par les consommateurs nationaux et que la nation, représentée par ses législateurs, leur interdisait de consommer.

Il s'agit de faire un pas de plus dans cette voie protectionniste, dans cette façon particulière de comprendre et de défendre les intérêts nationaux. Ce qu'on vous demande, c'est de faire des brèches dans cette muraille douanière, qui empêchait d'entrer les produits extérieurs, et qui devrait désormais permettre de sortir à nos produits intérieurs, aux frais de nos contribuables et au seul bénéfice des consommateurs du dehors protégés dans leur bourse par notre propre législation.

La conséquence — à laquelle vous n'échapperez pas — de cette nouvelle politique, si elle triomphait, ce serait la série de tous nos produits venant, les uns après les autres, vous demander à être mis à leur tour au régime des sucres. (*Applaudissements à l'extrême-gauche.*)

Pourquoi donc les sucres seraient-ils seuls à jouir des primes à la sortie ? Est-ce qu'il n'y a pas d'autres denrées, aussi nationales, qui se trouvent, par le fait de la surproduction ou de difficultés créées à l'étranger, dans l'impossibilité de trouver les acheteurs et les débouchés nécessaires ?

Ecoutez plutôt ! A peine avez-vous parlé ici de prime à la sortie pour les sucres, qu'à l'autre bout de la France, dans les Landes, ceux qui produisent la résine se sont dit : « Nous avons, nous aussi, à lutter sur le marché du monde, notamment avec les résines des Etats-Unis ; pourquoi ne demanderions-nous pas qu'on facilite l'écoulement de nos produits à l'aide de primes analogues ? »

Mais ce n'est pas seulement dans les départements à résine qu'une pareille revendication se prépare; c'est également dans les régions viticoles, où s'est déjà produit et où se reproduira la mévente des vins, que les intérêts en souffrance se dresseront devant vous, exigeant le même traitement, la même satisfaction, que vous allez tout à l'heure accorder à nos sucriers. (*Nouveaux applaudissements sur les mêmes bancs.*)

En lisant dans *le Temps* d'il y a deux jours que le groupe viticole s'était réuni et qu'il avait décidé, par solidarité agricole, de voter les primes réclamées pour les sucres, savez-vous la réflexion qui m'est venue ? Je me demandais si c'était par pure solidarité que l'on prenait cette attitude et si l'on ne voulait pas surtout ouvrir aujourd'hui pour d'autres une porte par laquelle pourraient passer à leur tour, après les sucres, les vins. (*Très bien! très bien! à l'extrême-gauche.*)

M. LE COMTE DU PÉRIER DE LARSAN. — Non, tant que les nations étrangères ne donneront pas de primes pour la sortie de leurs vins.

M. HENRI RICARD (Côte-d'Or). — C'est seulement le groupe viticole du Midi qui a pris cette décision ! Il y a deux groupes viticoles.

JULES GUESDE. — Quoi qu'il en soit de l'information que j'ai prise dans le journal *le Temps*, et sans m'appesantir davantage sur la conclusion que j'ai cru pouvoir en tirer, je répète que, du jour où vous aurez étendu à l'extérieur votre protection dite nationale pour un produit, le jour où vous aurez ajouté aux tarifs de douanes lui assurant le marché intérieur, les primes à la sortie pour lui assurer le marché extérieur ou international, ce jour-là, vous verrez infailliblement et tôt ou tard tous les autres produits venir frapper, avec les mêmes réclamations et le même droit, à votre porte. Et votre porte, ici, c'est le porte-monnaie des contribuables (*Applaudissements à l'extrême-gauche*), c'est la poche du consommateur. Ils revendiqueront le bénéfice du régime nouveau qu'il s'agit actuellement d'instaurer, car, il n'y a pas à le nier, vous êtes en face d'une innovation. C'est une nouveauté, ce que l'on vous propose comme une chose courante.

On affecte de persuader à la Chambre qu'il s'agit tout simplement de continuer à faire ce qui a été fait dans le passé, de rester fidèle à la politique suivie jusqu'alors. Mais non, Messieurs, et c'est là votre responsabilité vis-à-vis du pays. Jusqu'à présent, jamais il n'avait été question d'entrer dans un pareil ordre d'idées et de faits ; on voudrait vous faire faire ce saut-là en vous masquant ce qu'il a d'absolument nouveau, et j'ajouterai d'absolument anormal.

Eh bien, je dis qu'il y a là un danger, et un danger considérable ; et voici pourquoi : c'est que les tarifs douaniers, c'est que la protection, telle qu'elle a été pratiquée jusqu'ici, a pour effet nécessaire, en protégeant momentanément la production nationale contre la surproduction du dehors, a pour corollaire indispensable de provoquer une surproduction nationale. (*Très bien ! très bien ! sur les mêmes bancs.*)

Ce n'est qu'une affaire de temps. Si les vignes ont été replantées, si les vignobles ont été considérablement accrus, c'était sous le bénéfice de cette promesse que, les vins du dehors ne pouvant plus entrer en France, il y aurait en France même un débouché assuré, dont on ne pouvait calculer l'étendue, mais qu'avec les yeux de l'espérance on voyait presque infini. On s'est mis alors à produire et à surproduire du vin. C'était fatal. Et, lorsque cette surproduction du vin et des autres produits sera devenue, non plus passagère, mais chronique, je me demande encore une fois et je vous demande comment vous ferez pour fermer l'issue que vous êtes en train d'ouvrir sur le dehors, pour dire : « On ne passe pas ! » ou : « On ne passe plus ! » quand vous aurez laissé passer les sucriers et les raffineurs.

A ce point de vue — j'y insiste — je considère les primes, qu'il s'agit d'établir aujourd'hui pour la première fois, comme constituant une véritable révolution dont vous ne pouvez calculer les dangereuses conséquences.

Si encore ces primes pouvaient être momentanément efficaces ; si elles paraient au péril, non pas de demain, mais d'aujourd'hui ; si vous pouviez affirmer que ce que vous considérez comme une réponse à la guerre qui vous aurait été déclarée par les législations allemande et autrichienne, constitue le dernier acte de cette guerre, le dernier coup de fusil — et tiré par nous — après quoi ce serait fini ; dans cette hypothèse, peut-être pourrions-nous passer outre. Mais vous est-il possible de prendre un pareil engagement ? Pouvez-vous assurer au pays qu'il n'y aura pas une réponse à vos primes, comme vos primes sont elles-mêmes une réponse aux primes allemandes et autrichiennes ? L'Allemagne a devant elle une marge que vous n'avez pas : l'impôt sur le sucre, de l'autre côté des Vosges, va de 25 fr. à 30 fr., tout au plus ; alors que nous sommes déjà à 60 fr., l'Allemagne a 30 fr. de réserve par 100 kilogrammes de sucre ; elle peut répliquer à vos primes de demain par des surprimes d'après-demain.

Que ferez-vous dans ces conditions ? Jusqu'où irez-vous dans cette voie ? Il s'agirait d'avoir des explications sur tout ceci. Nous n'avons pas le droit de nous enfermer dans le moment présent. Ce qui caractérise l'homme, c'est qu'il prévoit. Nous sommes, nous devons être des hommes de prévision. Que ferez-vous, je le répète, contre les surprimes possibles, sinon certaines, à Berlin et à Vienne ? (*Applaudissements à l'extrême-gauche.*)

Dangereuses et inutiles, si ces primes avaient pu, dans une certaine mesure, vous fournir l'arme que vous demandiez autrefois à titre provisoire, mais que vous demandez aujourd'hui à un autre titre, en vue de la conférence internationale prochaine... Car je suis obligé ici d'ouvrir une parenthèse et de constater que les primes que dans tous les projets et contre-projets on ne demandait que pour un temps donné, figurent aujourd'hui dans le dernier projet, le bon, à titre définitif. Vous avez fait disparaître du projet en discussion, accepté par le Gouvernement, toute espèce de délai et de limite de temps. C'est pour toujours que la Chambre est appelée à instituer ces primes à la sortie.

Je vous disais que si ces primes avaient conservé leur premier caractère d'un armement momentané, répondant aux besoins de notre action à la conférence internationale, peut-être ne vous les aurions-nous pas refusées ; si, d'autre part, à ces primes avait été attaché un avantage réellement général, si vous aviez consenti à en faire bénéficier et les ouvriers des sucreries et les cultivateurs de betteraves, au moyen du mécanisme indiqué dans notre contre-projet, si admirablement développé par notre ami Jaurès ; si, enfin, vous aviez consenti, comme vous le demandait M. Siegfried, à associer les contribuables à votre œuvre législative, en réduisant de 15 fr. par quintal l'impôt sur le sucre, nous aurions pu, faisant un véritable acte de foi en vue de cette conférence de liquidation, où vous vouliez aller armés, nous aurions pu, je le répète, laisser passer et ne pas nous arrêter à ce qu'il y a de réellement abusif, je devrais dire d'antinational, dans la prétendue protection qu'il est question d'organiser.

Mais, au lieu de cela, vous avez tout refusé ! Vous avez dit : il n'y aura rien pour les ouvriers d'usine ; vous avez dit : nous ne garantirons rien aux producteurs de betteraves, aux travailleurs agricoles ; vous avez dit : il n'y aura rien pour le consommateur. Vous avez été plus loin. Vous avez dit, tout d'abord et officiellement : il y aura pour les consommateurs 2 fr. 50 de plus à payer par 100 kilogr. de sucre.

Il est vrai que, reculant ensuite vous-mêmes devant la nouvelle charge qu'il s'agissait d'imposer à la nation, vous avez, et du côté du Gouvernement et du côté de la commission des douanes, retiré ce nouvel impôt avant de l'avoir soumis au vote.

Vous vous êtes rendu compte de ce qu'il y avait de scandaleux à faire renchérir par voie législative et directement le prix du sucre en France, — déjà si cher, — alors qu'il ne s'agissait que d'apporter de nouveaux millions à une poignée de millionnaires nés de votre loi de 1884. (*Applaudissements à l'extrême-gauche.*)

Mais vous n'avez fait là qu'un sacrifice d'apparence.

JAURÈS. — Très bien !

JULES GUESDE. — Je sais bien que si l'hypocrisie est un hommage que le vice rend à la vertu, vous avez ainsi rendu hommage à l'intérêt véritablement national en dissimulant la nouvelle charge que vous entendez faire peser sur la nation. (*Très bien! très bien! sur les mêmes bancs.*) C'est alors que vous avez proposé un droit de raffinage de 4 fr., en laissant croire au contribuable que ces 4 fr. par 100 kilogr. vont être acquittés par les raffineurs.

Vous savez cependant très bien qu'au lieu d'un impôt direct, vous établissez simplement un impôt indirect, et que ces 4 fr. viendront s'ajouter au prix du sucre et seront soldés par le consommateur. Et encore pouvez-vous affirmer que ce n'est que de 4 ou 5 centimes que va augmenter, le lendemain du vote de cette Chambre, le kilogr. de sucre ? Pouvez-vous me garantir que ce n'est que dans cette proportion que nous aurons à payer notre sucre plus cher ? Vous ne le pouvez pas ; car si vous faites cette loi, c'est que vous la croyez efficace, et si vous accordez des primes à la sortie, c'est que vous croyez que les sucres sortiront ; si vous accordez des primes à l'exportation, c'est que vous croyez que les sucres seront exportés, qu'ils déchargeront le marché intérieur et qu'ils trouveront preneurs, acheteurs sur le marché extérieur.

Mais quelles seraient donc les conséquences de ce dégagement du marché intérieur ? Aujourd'hui ce sont les sucres qui courent après les consommateurs, demain ce seraient les consommateurs qui courraient après le sucre (*Très bien ! très bien ! à l'extrême-gauche*), et de cette interversion, par voie législative, du rapport aujourd'hui existant entre l'offre et la demande, ce qui surgirait, c'est une hausse, c'est-à-dire un nouveau renchérissement du sucre. (*Très bien ! très bien ! sur les mêmes bancs.*)

Voilà la vérité ! Ce n'est donc pas seulement 4 ou 5 centimes de plus que, de par votre fait, de par vos votes, de par la loi nouvelle, les consommateurs auraient à payer le kilogramme ; c'est peut-être 10, 15 ou 20 centimes. Vous ne le savez pas vous-mêmes. Tout cela me paraît devoir appeler et retenir l'attention de la Chambre avant qu'elle se soit prononcée. (*Très bien ! très bien !*)

Je voudrais maintenant aborder un autre ordre de faits, je voudrais chercher avec vous au profit de qui se produira cette charge inévitable, cette surcharge que vous ne pouvez pas contester, en même temps que vous ne pouvez pas l'évaluer.

Oui, au profit de qui ? Depuis huit jours, nous n'avons entendu parler que de travail national. Il s'agissait par une nouvelle loi — j'allais dire de sûreté générale — comme celle de 1884, de sauver nos travailleurs.

Voulez-vous que nous examinions dans quelle mesure et sous quelle forme les travailleurs de France ont été protégés par la loi de 1884, dont la loi actuelle n'est que le prolongement et le couronnement ?

Je prendrai tout d'abord les ouvriers d'usine, les ouvriers de l'industrie du sucre. On a parlé jusqu'à présent des cultivateurs : j'en parlerai également. On a parlé des fabricants de sucre, sur le sort desquel on s'est quelque peu apitoyé ; on a parlé des raffineurs, on a même parlé des consommateurs. Quant aux ouvriers d'usine, ils n'existent pas ; vous les avez supprimés par votre silence ou par votre abstention. Moi, qui représente ici un pays de fabriques, de prolétaires industriels, j'avais un mandat spécial à remplir : c'était de m'occuper de ce qu'était devenu ce monde de l'usine, sous et avec votre loi dite protectrice de 1884. (*Très bien! très bien! sur les mêmes bancs.*)

Voyons ce qui est sorti de cette loi.

TOUSSAINT. — La protection des capitalistes!

JULES GUESDE. — Il paraît qu'en Allemagne — le fait est indéniable — la législation sucrière a eu pour effet de faire hausser les salaires. Ce que je sais, c'est qu'en France c'est l'inverse qui s'est produit.

Quand, par voie d'interruption, — ce dont je m'excuse ici, — j'ai rappelé l'autre jour à la réalité sur ce point M. Ribot, notre collègue m'a répondu : « C'est une apparence ! Les ouvriers ont pu diminuer comme nombre, leur salaire n'a pas diminué. »

J'ai les salaires sous les yeux, je les emprunte à une source que personne ne saurait contester, au moins sur les bancs de la majorité, je les emprunte à la Direction générale des contributions indirectes. Voici ce que je constate :

En 1881-1882, avant votre loi protectrice, lorsqu'il n'était pas protégé, le personnel des sucres touchait comme salaire moyen de la journée, les hommes, 3 fr. 97 ; les femmes, 2 fr. ; les enfants, 1 fr. 76. En 1894-1895, le salaire moyen est tombé, pour les hommes, à 3 fr. 71 : en moins 20 centimes ; pour les femmes, à 1 fr. 77 : en moins 23 centimes ; pour les enfants, à 1 fr. 51 : en moins 25 centimes.

Jaurès. — C'est déplorable !

Jules Guesde. — Voilà donc quel a été le genre de protection que l'intervention de la loi a apporté aux ouvriers des fabriques de sucre. (*Très bien ! très bien ! à l'extrême-gauche.*)

Est-ce tout ? Oh ! non. Il y a eu, en outre, diminution du nombre de ceux qui vivaient, quoiqu'ils en vécussent mal, de la fabrication du sucre : de 65,293 en 1881-1882, les ouvriers et ouvrières sont tombés à 50,569 en 1894-1895. Ces chiffres parlants me sont encore fournis par *le Bulletin de statistique et de législation comparée.*

A l'extrême-gauche. — Et la situation s'est encore aggravée depuis !

Jules Guesde. — 15,000 travailleurs sur 65,000 ont été privés de travail, c'est-à-dire de leur seul moyen d'existence, par votre législation protectrice du travail national ! (*Très bien ! très bien ! à l'extrême-gauche.*)

Je sais bien que M. Ribot m'a répondu qu'il n'était pas le maître du progrès et des lois naturelles ; que le développement de l'outillage mécanique a toujours — et doit toujours avoir — pour effet de jeter sur le pavé un certain nombre de prolétaires.

Certes, ce n'est pas nous qui contesterons cette fatalité de ce qu'on appelle le progrès industriel en régime capitaliste, — mais seulement en régime capitaliste ! (*Très bien ! très bien ! sur divers bancs à l'extrême-gauche.*)

Le mot a été dit, s'il n'a pas figuré au *Journal officiel :* « C'était fatal. »

Oui ! il était fatal — toujours dans la présente société — que la diffusion remplaçant les presses hydrauliques et les presses continues, que les appareils à cuire en grains substitués aux chaudières à air libre, que les générateurs semi-tubulaires succédant aux générateurs à bouilleurs, réduisent la main-d'œuvre et le taux de cette main-d'œuvre

C'est entendu ! Mais est-ce qu'à cette fatalité vous n'avez pas aidé législativement ? Est-ce qu'avec votre régime des primes à la production et des bonis de fabrication d'autant plus élevés que l'outillage et les procédés étaient plus perfectionnés, vous n'avez pas hâté, précipité cette crise meurtrière ? Est-ce qu'il n'y a pas là une volonté humaine et, par conséquent, une responsabilité humaine qui pèse sur les législateurs de 1884 convaincus d'avoir en même temps qu'enlevé leur travail à des milliers d'hommes, de femmes et d'enfants, réduit de plus de 5 millions le total des salaires, abaissés de 22,324,505 francs à 16,931.467 francs ? C'est pour les dix dernières années plus de 50 millions de pain, c'est-à-dire de vie, dont se sont vus dépouillés les travailleurs de l'industrie du sucre, que vous prétendiez avoir pris sous votre garde !

Ne croyez pas d'ailleurs que les salaires ainsi bas tombés ne vont pas tomber davantage. La baisse va se poursuivre, sous la loi nouvelle comme sous l'ancienne loi. Et ce n'est pas moi, toujours quelque peu oiseau de mauvais augure, qui vous le crie, c'est *la Sucrerie indigène et coloniale*, qui, dans son numéro du 29 décembre 1896, s'exprimait comme suit — écoutez bien, Messieurs :

« Si notre agriculture et notre industrie ont besoin de l'aide tutélaire de l'État », — ce sont les primes que l'on attendait et que l'on attend encore, — « il est un point essentiellement important qu'on ne devrait jamais perdre de vue et vers la réalisation duquel nous essayons tous les jours de nous rapprocher, c'est la diminution de la main-d'œuvre jusqu'à sa limite extrême. »

JAURÈS. — Voilà la loi capitaliste !

JULES GUESDE. — « En France, la main-d'œuvre et les salaires, par rapport aux produits fabriqués, quels qu'ils soient, sont trop chers. »

Voilà donc qui est entendu : accordez aux sucriers et aux raffineurs les primes qu'ils vous demandent, et ils vont se hâter d'y faire participer le personnel de leurs usines sous la forme d'une nouvelle et perpétuelle diminution de salaire « jusqu'à sa limite extrême ». (*Applaudissements à l'extrême-gauche.*)

Voilà le résultat de la protection d'hier et voilà le résultat, annoncé par les sucriers eux-mêmes, de la protection de demain !

Avant de passer aux cultivateurs et aux ouvriers agricoles qui ont été la base de toute l'argumentation de ceux qui réclament des primes, je suis obligé de rappeler que M. Ribot n'a pas tenu à cette tribune un langage autre que *la Sucrerie indigène et coloniale*.

« Incontestablement, — a-t-il dit dans la séance du 19 janvier, — il faut faire des progrès ; nous le reconnaissons tous ; il faut réduire encore le prix de revient. »

Le prix de revient, c'est le salaire ouvrier d'un côté, c'est le prix de la betterave de l'autre. Nous allons voir maintenant comment votre loi de 1884 a protégé et comment la loi nouvelle protègerait les cultivateurs, les travailleurs du sol, au nom desquels vous déclarez vos primes indispensables.

Voici, pour le département du Nord, le bilan d'un hectare de terrain très productif. Avant la loi de 1884, la culture faisait 50,000 kilogrammes, soit 50 tonnes de betterave à l'hectare. A raison de 20 fr. la tonne, cela donnait 1.000 francs. Aujourd'hui, avec la culture nouvelle, ce n'est plus la betterave pauvre, qui nourrissait le cultivateur, c'est la betterave riche, qui enrichit le fabricant de sucre et le raffineur. Et dans ce même terrain, on ne produit plus que 25 à 30 tonnes à l'hectare qui, vendues à raison de 25 fr., donnent de 700 à 750 fr. par hectare. Perte nette, 250 fr.

M. Jules Méline, *président du conseil, minis-*

tre de l'agriculture. — Cela est bien simple : c'est parce que le prix du sucre a baissé !

JULES GUESDE. — Ne déplaçons pas la question. Vous vous êtes posés en providence des cultivateurs et des paysans, et je constate que votre intervention s'est traduite par une perte de 250 fr. à l'hectare.

M. LE PRÉSIDENT DU CONSEIL. — Et vous, vous voulez aggraver la perte !

JULES GUESDE. — Vous ne savez pas ce que je veux ; vous ne pouvez donc pas me prêter de conclusions.

Je continue.

Mais ce n'est pas là la seule perte éprouvée par le cultivateur, du fait de la loi de salut d'il y a douze ans. Avec la betterave pauvre d'avant 1884, point n'était besoin des engrais chimiques ; aujourd'hui, comme vous appauvrissez, comme vous épuisez le sol par votre culture artificielle, il faut nourrir à nouveau ce sol. Cette nourriture du sol représente 200 fr. par hectare et par an, que n'avait pas à payer autrefois le paysan du Nord. Ce qui veut dire qu'à ces 250 fr. en moins de rendement au point de vue betteravier, il faut ajouter 200 fr. de frais en sus, ce qui veut dire enfin que votre protection a abouti, pour lui, à une perte de 450 fr. par hectare, ou près de 50 0/0 sur sa misérable production de jadis. (*Applaudissements à l'extrême-gauche.*)

Mais cet état de choses ne s'est pas limité au

Nord. Dans l'Aisne, c'est pis encore. J'ai là les chiffres ; mais je ne crois pas qu'il soit utile d'insister. La vérité, c'est que les travailleurs de la terre n'ont pas été plus protégés que ceux de l'usine, et que c'est vous qui, par votre loi, les avez découverts, que c'est vous qui, en poussant à la cencentration de l'industrie du sucre entre quelques mains qui se confondent de plus en plus avec celles des raffineurs, avez livré les malheureux producteurs de betteraves au monopole du marché. (*Applaudissements à l'extrême-gauche.*)

Le marché de la betterave est aujourd'hui aussi monopolisé que le marché des sucres, et par les mêmes hommes. M. Dussaussoy vous le disait lors de la discussion du budget de l'agriculture. Il vous montrait les raffineurs s'étant emparés des fabriques les plus importantes et établissant pour les betteraves, comme pour les sucres, les prix qui sont les prix définitifs, les prix qu'on ne discute pas, qu'il faut subir si on veut vendre, c'est-à-dire manger. Ce sont les tarifs de famine de la betterave, comme nous avons le salaire de famine des ouvriers d'usine.

Voilà où vous en êtes, et ce que vous avez créé ; voilà la responsabilité que vous avez prise. Et cela est tellement vrai que vous le reconnaissez malgré vous avec ces projets que vous déposez un jour pour les retirer le lendemain. Dans toutes vos contradictions, il y a l'aveu que je retiens et que je soumets à la Chambre. Au début, vous aviez songé à faire supporter les frais des primes à l'exportation par la sucrerie et la raffinerie elles-mêmes, en les prenant sur les bonis de fabrication. Or, qu'avez-vous dit ou écrit lorsque vous avez reculé devant ce projet primitif, et pour expliquer votre retraite ? Vous avez expliqué comment les fabricants n'auraient pas manqué de reprendre la charge que vous leur imposiez sur le prix de la betterave abaissé d'autant. Vous proclamiez ainsi l'impossibilité où sont les cultivateurs de se défendre, de défendre leur prix ou leur pain.

Cet aveu de M. le Président du conseil, le rapporteur de la commission des douanes l'a répété sous une forme d'ailleurs quelque peu exagérée. Il s'agissait du projet de M. Siegfried, tendant à prélever pour les primes 5 fr. sur les sucres dits indemnes, en élevant l'impôt qu'ils subissent de 30 à 35 fr. Et M. Graux a objecté immédiatement : Mais les fabricants de sucre reprendront ces 5 francs sur le prix de la betterave. Et il ajoutait qu'ils les reprendraient en diminuant de 5 francs la betterave au quintal. Cela, je ne le crois pas ; je ne crois pas que, si décidés qu'ils soient à toujours réduire leurs frais de revient, les fabricants puissent opérer le miracle d'abaisser de 50 francs le prix de la tonne de betterave — qui est payée en moyenne 25 francs ! (*Rires à l'extrême-gauche.*)

Mais cela indiquait, dans tous les cas, le parti-pris, ou la nécessité subie par les fabricants de sucre, de se décharger, des droits que vous pouviez leur demander, sur les cultivateurs déjà tellement chargés, et l'impossibilité pour ceux de la terre de maintenir, voire de discuter leurs prix.

Et quand je pense qu'on nous a reproché, qu'on a reproché à notre contre-projet de réunir les producteurs de betteraves et de les appeler à fournir au Gouvernement, et au besoin à la Chambre, un état de leurs frais de revient, sur lequel auraient été établis des prix de vente leur permettant de vivre ; quand je pense que l'on a vu là le dernier mot de l'arbitraire ! C'est M. Jourdan qui qualifiait de la sorte cette disposition éminemment tutélaire ! Singulier arbitraire, en tous cas, placé sous la double garantie de l'avis, de la consultation des intéressés, et d'une discussion publique pouvant, à l'occasion, s'engager à cette tribune, alors qu'aujourd'hui l'arbitraire qui règne n'a évidemment rien de parlementaire : c'est l'arbitraire d'un homme, du sucrier, qui, en matière de prix, fait loi. (*Très bien ! très bien ! à l'extrême-gauche.*)

Vos statistiques en disent long à ce sujet. Elles nous montrent la betterave devenant de plus en plus riche, et en même temps de moins en moins payée au producteur. Je lis — toujours dans le rapport de la Direction générale des contributions indirectes — qu'en 1887-1888 la tonne était à 26 fr. 26, et qu'en 1894-1895 elle n'était plus qu'à 25 fr. 97. Et pourtant, pendant cette période, le rendement en sucre s'est énormément accru : de 72 kilogr. 740 en 1884-1885, il atteint, en 1895-1896, 101 kilogr. 850.

SIROT-MALLEZ. — Vous oubliez qu'on l'achète à la densité.

JULES GUESDE. — Je ne m'occupe pas de la densité, mais du rendement du sucre. (*Très bien ! très bien ! à l'extrême-gauche*), et je constate que la betterave a produit davantage au sucrier, tandis que le producteur de betterave a reçu moins. Voilà le seul point qui m'intéresse ; je ne veux pas en retenir d'autres. (*Très bien ! très bien ! sur les mêmes bancs.*)

J'ai essayé, Messieurs, d'établir avec mon entière bonne foi, avec ma conviction absolue, que votre loi n'avait protégé le travail sous aucune forme, ni le travail industriel ni le travail agricole. Est-il besoin maintenant de vous faire la preuve qu'elle n'a pas été plus protectrice pour le consommateur ? J'aurais cru cette démonstration inutile avant l'ouverture de ces débats. Mais depuis une semaine j'ai entendu de si étranges choses — ou mon oreille a traduit si étrangement les assertions qui ont été apportées à cette tribune — que véritablement je crois un bout de réfutation nécessaire.

J'ai entendu dire que l'impôt du sucre, — élevé

de 40 fr. à 50 fr., et ensuite à 60 fr., qu'il a été un moment question de porter à 62 fr. 50 et qu'on veut augmenter aujourd'hui par voie indirecte jusqu'à 64 fr. — j'ai entendu affirmer, dis-je, que plus cet impôt augmentait, plus le prix du sucre diminuait.

C'est la première fois que je me trouvais en face de cette nouvelle théorie de l'incidence de l'impôt : surtaxer, c'est dégrever ! (*Très bien ! très bien ! à l'extrême-gauche.*)

Nous irions loin avec un pareil système, et ce serait M. le ministre des finances qui aurait lieu de se déclarer satisfait. On a cité des chiffres, on a fait des comparaisons pour essayer de démontrer ce qui n'est pas démontrable. On vous a dit : Depuis 1883 jusqu'à aujourd'hui, les 100 kilogr. de sucre ont été réduits de 7 fr.

Au lieu de comparer le prix du sucre en 1897 au prix du sucre en 1883, on aurait aussi bien pu le comparer avec le prix du sucre en 1810, lors du blocus continental, quand il valait 15 fr. la livre. L'argument n'aurait eu ni moins ni plus de valeur. (*Très bien ! très bien ! à l'extrême-gauche.*)

Ce n'est pas dans le temps que ces comparaisons-là doivent être faites, c'est dans l'espace, en prenant les éléments à confronter au même moment de l'évolution économique d'une production ; et alors il aurait fallu me démontrer qu'en achetant le kilogramme de sucre au prix de 1 fr. 05 ou de 1 fr. 10, nous le payons meilleur marché que les Anglais qui le payent 30 centimes ou que les Allemands qui le payent 60 centimes.

Cette démonstration-là, on ne l'a pas faite — et pour cause. C'est en France que le prix du sucre a atteint son maximum, et ce, de par votre loi protectrice de 1884, qui n'a pas été moins préjudiciable aux consommateurs qu'aux travailleurs.

A qui ont profité les bonis de fabrication et les surtaxes douanières, hier? à qui profiteront les primes, demain ? Mais à trois cents et quelques sucriers ou raffineurs, qui représentent pour vous le travail national, l'industrie nationale, comme Louis XV représentait la France pour la Dubarry. (*Applaudissements à l'extrême-gauche.*)

Et vous voudriez que nous, les représentants du prolétariat des villes et des campagnes, nous nous adressions à nos électeurs pour leur dire : Il va vous falloir sortir 5 centimes de plus de votre poche, — en admettant que la taxe de raffinage n'ait pas comme conséquence une augmentation plus forte et qu'il ne se produise pas un renchérissement à côté, — et ce ne sera pas pour vos frères des usines à sucre, ce ne sera pas pour le paysan, votre camarade des champs, ce ne sera pas pour vous non plus, puisque c'est vous qui payiez hier, qui allez surpayer aujourd'hui. Non, ce sera au profit exclusif de trois cents et quelques millionnaires qui n'ont aucun titre à cette nouvelle largesse !

Ne nous demandez donc pas l'impossible !

Sucriers et raffineurs — M. Siegfried l'a établi sans qu'un seul démenti ait été apporté à ses chiffres — se sont, depuis 1884, partagé par an 45 millions. Et ces bénéfices ne sont pas sortis du jeu naturel de l'offre et de la demande ; ils n'ont rien à faire avec la libre concurrence, avec l'initiative et la capacité individuelles ; c'est une loi, qui était en même temps une augmentation d'impôt, qui les leur a octroyés. Ce qui, pour les onze années écoulées, représente un cadeau de plus de 600 millions. Et c'est à ceux-là qu'il faudrait faire la charité aujourd'hui ! (*Vifs applaudissements à l'extrême-gauche.*) Ce sont eux qui osent demander que l'on prenne davantage aux petits, aux misérables, pour leur donner encore davantage !

Je n'ignore pas qu'on a contesté l'opération arithmétique à laquelle s'est livré M. Siegfried, divisant ces 45 millions annuels entre les 300 sucreries qui peuvent exister en France, et aboutissant ainsi pour chacune d'elles à une moyenne de 120,000 fr. de bénéfice. Cela ne prouverait — a-t-on dit — que contre l'arithmétique et contre les moyennes.

Soit ! Aussi vais-je vous donner des chiffres qui, eux, ne sont pas des moyennes, qui sont pris usine par usine. Et quand vous aurez pu constater, j'allais dire toucher, les bénéfices réalisés, je me demande s'il y aura dans cette Chambre un seul collègue qui ose parler encore de faire l'aumône à ceux-là, avec l'argent de ceux-ci. (*Applaudissements à l'extrême-gauche.*)

Dans le Puy-de-Dôme, une fabrique a réalisé 480,000 fr. de bénéfices dans l'année ; un très grand nombre d'autres fabriques ont réalisé des bénéfices se chiffrant par 365,000 fr., 276,000 fr., 260,000 fr., 445,000 fr. Dans la Somme, on a réalisé un bénéfice de 374,000 fr. par fabrique ; dans l'Aisne, 351,000 fr. ; dans l'Eure-et-Loir, 300,000 fr. ; dans le Loiret, 352,000 fr. ; dans l'Aisne encore, 334,000 fr. et 284,000 fr.

Je termine par le plus gros chiffre, celui d'une fabrique du département de la Somme, à Abbeville, qui a réalisé un bénéfice de 1,078,120 francs.

M. BOURGOIN. — Vous ne parlez pas des usines qui ont fait faillite ! (*Très bien ! très bien ! au centre. — Bruit à l'extrême-gauche.*)

JULES GUESDE. — Vous parlez trop tôt, monsieur Bourgoin, parce que vous êtes en train de donner un démenti au Gouvernement lui-même. (*Interruptions.*)

Ces chiffres-là, je ne les ai pas improvisés, ils ne sortent même pas d'une enquête personnelle, comme on aurait pu le supposer, et je n'ai pas besoin d'ajouter qu'ils ne viennent pas de M. le ministre des finances, puisque M. le ministre des finances a déclaré qu'à moins d'être consulté de certaine façon, qu'à moins que toutes les formes ne soient employées, il n'avait pas à fournir d'information à ceux qui sont chargés de faire la loi pour le pays. Je tiens ces chiffres, comme vous pourriez les tenir tous, d'un sous-secrétaire d'Etat des finances qui, en 1886, dans la séance du 8 juin, les a étalés devant la Chambre. Ce sont, par suite, des chiffres tout ce qu'il y a de plus officiels, et si vous avez à les contester, c'est une contestation familiale alors qui s'engagerait, et à laquelle nous serions complètement étrangers. (*Rires et applaudissements à l'extrême-gauche.*)

Si encore nos sucriers, qui attendent de vous 17 nouveaux millions, — selon l'évaluation de M. Siegfried, — s'étaient contentés de ces énormes bénéfices légaux ! Mais non.

Ah ! je sais bien que lorsque notre ami Jaurès a osé montrer à l'horizon ces châteaux si éloquemment désignés par l'imagination et la justice paysannes, lorsqu'il a parlé du château de la Densité, du château de la Bascule et du château de la Tare, il y a eu des protestations. M. Brincard est monté à cette tribune pour vous dire : « Je reconnais bien là la méthode socialiste. Vous avez besoin de déconsidérer l'ordre actuel pour livrer passage à l'ordre nouveau que vous préconisez. »

Je lui réponds : Non ! monsieur Brincard, nous n'avons pas besoin d'employer de pareils arguments ni d'avoir recours à de pareilles armes. Ce n'est pas nous qui avons dénoncé, les premiers au moins, l'adjonction aux bonis légaux de bonis illégaux, résultant de fraudes gigantesques.

Je me rappelle avoir quelque part lu — et il y a dans cette Chambre des collègues — ils ne siègent pas de ce côté (*l'extrême-gauche*), je me hâte de le dire — qui se rappelleront sans doute avoir lu comme moi, ce qui suit — à moins qu'ils ne se rappellent l'avoir écrit :

« Ces fraudes gigantesques tendent toutes à soustraire aux constatations de la prise en charge la plus grande quantité possible de betteraves, toute soustraction réussie se traduisant par un profit net de 50 fr. par 100 kilogrammes.

« Le premier procédé, le plus enfantin et le moins productif, consiste dans l'emploi d'appareils de pesage d'une contenance légèrement supérieure à la contenance conventionnelle. A chaque pesée de betteraves pour la prise en charge, un boni est réalisé par la fabrique, absolument comme avec des balances plombées : plus un marchand vend, plus il gagne.

« Deuxième procédé : On « fait vestibule », ou « corridor ». Tandis que l'on remplit de betteraves une benne pour la pesée officielle, on la met en communication avec l'intérieur de la fabrique par une ouverture habilement ménagée ; les betteraves ne font que couler dans la benne, qui devient une sorte de passage ou de corridor. Dans cette combinaison, évidemment en très-grand progrès sur la première, les bénéfices sont illimités.

« La troisième méthode, c'est l'entente avec les employés du fisc. En principe, ils sont incorruptibles, mais il est des accommodements avec le ciel; la connivence d'un ou deux agents suffit, d'ailleurs, pour toute une fabrique, car on réussit à aménager la fabrication de telle sorte que les prises en charge fonctionnent surtout quand vient le tour de surveillance des complices de la fraude. »

Ceux qui accusaient ainsi, avec les fraudeurs, les profits illégitimes prélevés sur l'Etat et en même temps sur les producteurs de betteraves, c'étaient les gouvernementaux du journal *le Temps* dans un numéro de janvier 1887. (*Applaudissements à l'extrême-gauche.*) Les socialistes n'ont donc rien inventé, ils n'ont rien eu à inventer de ce côté, ils n'ont eu qu'à ouvrir les yeux et les oreilles.

M. TRANNOY. — Ce sont là des fraudes vis-à-vis de l'Etat et non des fraudes au préjudice des producteurs. (*Exclamations à l'extrême-gauche.*)

JAURÈS, ironiquement. — Très bien! très bien!

M. TRANNOY. — La thèse de M. Guesde est celle-ci : Les seuls qui profitent de la loi de 1884 sont les fabricants et les raffineurs, et il cite à l'appui certaines fraudes. Je réponds : les fraudes que vous indiquez d'après l'article du *Temps* se sont bien produites vis-à-vis de l'Etat, mais elles ne peuvent pas être pratiquées vis-à-vis du producteur. (*Nouvelles exclamations à l'extrême-gauche.*)

JULES GUESDE. — Permettez! Comment cette fraude qui consiste à user d'appareils de pesage d'une contenance légèrement supérieure à la contenance conventionnelle ne se retournerait-elle pas à la fois et contre l'Etat qui est fraudé et contre le producteur de betteraves, à moins que les vendeurs de betteraves n'entrent dans l'opération comme complices ?

Je n'ai pas pris à mon compte ces accusations ; je n'ai fait que les reproduire à cette tribune en en indiquant la source. J'ai simplement, et à l'appui des paroles de notre ami Jaurès et contre les réclamations qu'elles avaient soulevées, fourni des témoignages que vous ne pouvez récuser. Ils viennent de vos amis politiques, obligés eux-mêmes de reconnaître qu'aux bonis de fabrication inouïs consentis par la loi étaient venus s'ajouter d'autres bonis non prévus et difficiles à défendre, atteignant à la fois et le trésor public et les intérêts agricoles.

Mais je n'ai pas à insister là-dessus ; j'ai simplement, en terminant, à dire à la Chambre : Voilà les hommes, voilà l'industrie nationale, voilà le travail national que vous nous demandez de primer d'une façon exceptionnelle ; voilà ceux pour lesquels vous demandez à la Chambre de rançonner à nouveau le pays.

Je dis que nous ne pouvons pas, nous, vous suivre dans cette voie, et que nous répondrons « non » à votre projet de primes, « non » à toute proposition tendant à nantir ceux qui sont déjà nantis dans la mesure où ils ont découvert et le travail industriel, et le travail agricole, et le consommateur national. (*Applaudissements à l'extrême-gauche.*)

AUX ORDRES

DE L'EMPEREUR ALLEMAND

Jules Guesde. — Messieurs, le 7 septembre de l'année dernière, j'ai, avec mon ami Chauvin, adressé à M. le président de la Chambre la lettre suivante :

« Nous avons l'honneur de vous informer qu'à la rentrée nous demanderons à interpeller M. le ministre de l'intérieur sur les motifs qui ont pu l'amener à expulser du territoire de France nos frères d'Alsace et leurs élus, alors que la réunion projetée, interdite par les autorités impériales allemandes, avait été autorisée par le maire de Wissembach. »

Malgré les retards intervenus, quoique près de six mois se soient écoulés entre le dépôt et la discussion de cette interpellation, elle est malheureusement restée d'actualité, parce qu'elle vise une politique qui s'est affirmée hier encore dans les rues de Paris par des brutalités policières exercées contre des citoyens français, fidèles à l'esprit de la Révolution française et affirmant, pour le peuple crétois comme pour tous les peuples, le droit de disposer librement d'eux-mêmes. (*Très bien ! et applaudissements sur plusieurs bancs à l'extrême-gauche.*)

Le 6 septembre dernier, on pouvait voir, par-dessus la frontière de l'Est, venant rejoindre la mère-patrie et lui demander une hospitalité de quelques heures, des familles alsaciennes par centaines. Elles venaient de Mulhouse, elles venaient de Strasbourg et, à peine la frontière franchie, on les voyait sortir des bouquets, dérouler des rubans aux trois couleurs sur ce sol de France dont elles avaient été détachées violemment il y a vingt-six ans, et qui était resté pour eux le territoire national ; elles accouraient en pleine confiance, d'autant plus sûres d'y être reçues en membres de la grande famille nationale que la réunion à laquelle elles se rendaient avait été annoncée par toute la presse française, sans distinction d'opinion politique. Il s'agissait de l'exercice de leurs droits de citoyens qui, entravés, confisqués dans la partie de la France annexée violemment à l'Allemagne, leur étaient garantis, devaient l'être sur le territoire de la République française. Leur venue était encore déterminée, dirigée par une pensée plus haute peut-être, se rattachant au moment historique où réellement l'Alsace est devenue française de par la Révolution. Ils se souvenaient, pour l'avoir entendu raconter par leurs grands-pères, que le 13 juin

1790 les fédérations d'Alsace étaient parties en grande pompe de Strasbourg pour aller sur la rive gauche du Rhin, rive française, planter un immense écriteau sur lequel était écrit : « Ici commence la terre de la liberté ! » (*Applaudissements sur les mêmes bancs à l'extrême-gauche.*)

La terre de la liberté avait pu être amputée, réduite avec la frontière elle-même, reculée vers l'intérieur du pays ; mais pour eux, sur cette terre diminuée, la liberté avait dû rester entière.

Or, que s'est-il passé ? Vers deux heures de l'après-midi, on a vu apparaître un capitaine de gendarmerie et le sous-préfet de Saint-Dié, porteur d'un arrêté d'expulsion contre deux élus d'Alsace, dont l'un n'avait jamais mis le pied en France et ne fournissait, par suite, aucun motif, aucun prétexte à une mesure de ce genre.

Mais ce n'est pas tout ! Après que les deux députés alsaciens eurent été rejetés sur le territoire allemand, à la grande joie des douaniers et des gendarmes impériaux, heureux de trouver la République française aussi despotique que l'empire des Hohenzollern (*Très bien ! très bien ! à l'extrême-gauche*), ç'a été le tour des Alsaciens eux-mêmes qui, hommes, femmes et enfants, ont été dispersés, chargés par les gendarmes de la République française.

M. CHARLES FERRY. — C'est inexact !

JULES GUESDE. — Cela est si peu inexact que j'ai les témoignages de Français de Mulhouse et de Strasbourg, restés stupéfaits d'un pareil accueil, — alors que, il n'y a pas longtemps, vous avez envoyé à Kiel les marins de la République crier : « Vive l'empereur allemand ! » (*Applaudissements à l'extrême-gauche.*)

Les lettres sont là. Nous avons vu, disent-elles, les larmes couler des yeux des Alsaciennes.

Vous avez fait pleurer les femmes d'Alsace, monsieur Barthou. (*Mouvements divers.*)

M. HUBBARD, s'adressant au centre. — Cela vous fait rire !

M. LOUIS BARTHOU, ministre de l'intérieur. — Vous m'avez vu rire, monsieur Hubbard ?

M. HUBBARD. — Ce n'est pas à vous, monsieur le ministre, mais c'est à ceux qui siègent derrière vous que je m'adresse.

M. DU BREIL, COMTE DE PONTBRIAND. — Personne n'a ri.

M. LE PRÉSIDENT. — Messieurs, veuillez cesser ces colloques et ne pas vous interpeller de collègue à collègue (*Très bien ! très bien !*)

JULES GUESDE. — Ainsi, vous n'avez pas seulement interdit en France une réunion interdite en Allemagne, dans laquelle les représentants de l'Alsace devaient rendre compte de leur mandat aux électeurs alsaciens ; cette interdiction loyale ne vous a pas suffi.

Vous auriez pu en effet déclarer que, pour des considérations diplomatiques que je n'ai pas à discuter, que, par suite des nécessités d'un voisinage toujours périlleux, vous ne pouviez pas, malgré vous, donner l'hospitalité, même provisoire, de la France à des Français que rattachent à la France révolutionnaire le cœur, l'histoire et l'avenir.

Mais vous ne vous êtes pas tenu à cette forme de refus, qui eût pu se comprendre, si, pour nous, elle n'était pas acceptable. Vous avez laissé dire, écrire, que la réunion aurait lieu, vous avez laissé la convocation s'étaler dans tous les journaux, et venir électeurs et élus ; et à la dernière minute cette autorisation, qui devenait un fait de notoriété publique, s'est transformée brutalement en un arrêté d'expulsion. De telle façon que dans toute l'Alsace, dans toute la Lorraine, on a pu et dû se demander ce qui restait de la République, mise ainsi gratuitement et scandaleusement à la remorque de la politique de compression et de dictature du gouvernement de Berlin.

J'ai maintenant à rechercher quels étaient les hommes atteints par votre arrêté d'expulsion.

L'un s'appelle Bueb ; c'est un Alsacien, un Mulhousien, envoyé au Reichstag par 12,000 voix, c'est-à-dire par l'unanimité de la population ouvrière de cette grande ville, ci-devant française. Or, Bueb était, de l'aveu de vos journaux eux-mêmes, en septembre 1893, obligé de se constituer prisonnier, d'entrer dans les geôles allemandes. Il avait à purger une condamnation à un mois d'emprisonnement pour avoir flétri, une fois de plus, dans les réunions électorales, l'annexion brutale de l'Alsace-Lorraine. (*Applaudissements sur plusieurs bancs à l'extrême-gauche.*)

C'est cet homme, à peine sorti des bastilles impériales pour sa revendication du droit des Alsaciens-Lorrains, et ayant derrière lui quatorze autres mois de forteresse pour avoir tenu tête à la dictature prussienne, c'est cet homme-là que vous avez déclaré indigne de fouler le sol de la République française ! (*Nouveaux applaudissements sur les mêmes bancs.*)

C'est Bueb qui a eu le premier l'idée de cette réunion sur la terre de France ; c'est lui qui, en juin 1896, écrivait aux travailleurs l'Alsace : « Puisque nos nouveaux frères nous refusent le libre exercice de nos droits de citoyens, nous irons trouver nos anciens frères... » (*Applaudissements sur les mêmes bancs*) — ceux de 1789 — «... et nous leur demanderons cette liberté que nous n'avons pas ici et qu'ils ne nous refuseront pas. »

La circulaire qui s'exprimait de la sorte a été saisie, ses auteurs présumés poursuivis, et c'est vous qui, à votre tour, frappez Bueb pour son acte de foi dans la France de la Révolution et dans sa République d'aujourd'hui ! (*Applaudissements sur divers bancs à l'extrême-gauche.*)

L'autre expulsé, c'est Bebel, qui n'est pas Alsacien, lui, mais qui, dans sa longue vie de militant socialiste, chaque fois qu'un attentat a été commis contre les droits de l'homme et du citoyen, s'est dressé, et devant la Haute Cour de Leipzig, et à la tribune du Reichstag et partout, pour protester, pour réclamer, pour défendre les « immortels principes » de la Révolution ! (*Applaudissements sur les mêmes bancs à l'extrême-gauche.*

Jaurès. — Très bien ! très bien !

Jules Guesde. — Ce passé de Bebel, vous le connaissez tous, ou tout au moins ce serait votre devoir de le connaître, parce qu'après les douloureux événements de 1870-1871, personne dans une assemblée française, dans une assemblée républicaine, n'a le droit d'oublier les hommes, trop rares, qui, en pleine fumée des victoires allemandes, ont poussé le courage, l'héroïsme, jusqu'à s'opposer, après le 4 septembre, à la continuation de la guerre contre la France républicaine, en disant en toutes lettres au roi de Prusse, grisé par ses triomphes : « Vous avez déclaré, au début, que vous ne faisiez que repousser une invasion de Napoléon III. L'empereur est tombé, le peuple français en a fait justice ; lui seul est aujourd'hui devant vous ; vous ne pouvez donc plus poursuivre une guerre qui, de défensive, devient une guerre d'invasion et de conquête. »

Ai-je besoin de vous rappeler le manifeste inoubliable du 5 septembre 1870 dans lequel, s'adressant aux travailleurs allemands, la Démocratie socialiste s'exprimait comme suit :

« La République vient d'être proclamée à Paris où a été installé un gouvernement populaire. Après avoir subi pendant vingt ans la honte du second empire, le peuple français, au fort du péril, s'est ressaisi et a pris en mains ses destinées. Il s'est défait de l'homme par lequel il s'était laissé asservir depuis longtemps, et qui finalement a déchaîné le désastre sur la France. Hourrah pour la République française! » (*Applaudissements à l'extrême gauche.*)

Après avoir dénoncé comme « fratricide » la guerre poursuivie dans les conditions nouvelles, le manifeste insistait pour que la paix à négocier ne mît pas en péril l'honneur de la jeune République :

« Il faut, disait-il, que la paix soit possible, c'est-à-dire qu'il faut offrir au gouvernement du 4 Septembre une paix honorable... C'est le devoir, c'est aussi l'intérêt du peuple allemand d'accorder une paix honorable à la République française...

« Avant tout c'est le devoir des ouvriers allemands, pour qui la communauté des intérêts des deux peuples est devenue une conviction sacrée et qui ne voient dans les travailleurs français que des frères ayant des destinées et des aspirations identiques, c'est leur devoir de réclamer cette paix pour la République française.

« Il appartient aux ouvriers allemands de proclamer que, dans l'intérêt de l'Allemagne comme de la France, ils n'entendent pas tolérer qu'on outrage le peuple français après que celui-ci a fait justice de l'infâme violateur de la paix. »

Prenant enfin corps à corps la dernière objection que soulevaient alors les chauvins d'Allemagne déclarant que, pour que la paix pût être définitive, il fallait tout au moins enlever à la France l'Alsace-Lorraine, le manifeste répondait :

« La camarilla militaire, les professeurs, les bourgeois, les politiciens d'estaminet prétendent tous que ce serait le meilleur moyen de protéger l'Allemagne contre la France. Ce serait au contraire le plus sûr moyen d'éterniser, dans l'Allemagne rajeunie, le despotisme militaire (*Applaudissements sur divers bancs à l'extrême-gauche*) jugé nécessaire contre cette Pologne occidentale, l'Alsace-Lorraine. C'est le moyen le plus infaillible de transformer la prochaine paix en une simple trêve, jusqu'à ce que la France se sente en mesure de revendiquer les territoires perdus. C'est le moyen le plus infaillible pour que la France et l'Allemagne se ruinent et s'entre-déchirent mutuellement. »

Et le manifeste se terminait ainsi :

« Les prôneurs de l'annexion verront leurs calculs déjoués; au nom du parti ouvrier de l'Allemagne, nous protestons contre l'annexion de l'Alsace-Lorraine (*Applaudissements à l'extrême-*

gauche) et nous savons que nous sommes d'accord avec les travailleurs allemands. Dans l'intérêt de l'Allemagne comme de la France, dans l'intérêt de la paix et de la liberté, dans l'intérêt de la civilisation occidentale, les travailleurs allemands ne toléreront pas l'annexion de l'Alsace-Lorraine. » (*Nouveaux applaudissements sur les mêmes bancs.*)

Sur l'ordre du général Vogel von Falkenstein, les auteurs de ce manifeste étaient immédiatement arrêtés et transportés, enchaînés, à la forteresse de Lot sur la frontière russe, et l'un des signataires, Bracke, était condamné à seize mois d'emprisonnement.

Telle a été l'attitude de la Démocratie socialiste allemande dont Bebel était déjà un des membres les plus éminents. Et depuis, cette protestation a continué ; on peut dire qu'elle a été perpétuelle. Depuis le 21 septembre jusqu'à la conclusion de la paix, tous les numéros de l'organe officiel du parti, le *Volkstaat*, ont porté en tête, en caractères d'un demi-centimètre : « Paix honorable avec la République française, pas d'annexion ! » (*Très bien! très bien! sur divers bancs à l'extrême-gauche.*)

Le 26 novembre 1870, la protestation s'accentue ; des paroles elle passe à l'acte. Il s'agit de l'emprunt pour la continuation de la guerre contre la France républicaine : Liebknecht monte à la tribune ; voici son langage :

« L'emprunt qu'on nous demande est destiné à accomplir l'annexion de l'Alsace-Lorraiue, ainsi qu'il ressort du discours du trône. Mais l'annexion ne nous apportera pas la paix, mais la guerre ; et comme, après la conclusion de la paix, elle nous crée un perpétuel danger de guerre, elle consolide la dictature militaire.

« Pour ces raisons je repousse l'emprunt et, d'accord avec mon ami Bebel, je demande au Reichstag de refuser l'argent nécessaire pour la continuation de la guerre et de donner son adhésion à la proposition suivante :

« Considérant que la guerre déclarée le 17 juillet par Louis Bonaparte, alors empereur des Français, a pris fin par le fait de la captivité de Louis Bonaparte et par le renversement du gouvernement impérial;

« Considérant que, d'après la déclaration même du roi de Prusse dans son discours du 19 juillet et dans sa proclamation au peuple du 11 août, la guerre n'était du côté allemand qu'une guerre défensive ;

« Considérant que la guerre continuée après le 4 Septembre est en contradiction flagrante avec la parole du roi ; qu'elle est une guerre faite, non contre l'empire et l'armée impériale qui n'existent plus, mais contre le peuple français ; qu'elle n'est plus une guerre pour l'indépendance de l'Allemagne, mais une guerre d'oppression pour l'oppression de la noble nation française ;

« Le Reichstag refuse les crédits demandés pour la continuation de la guerre et invite le chancelier, M. le comte de Bismarck, à faire en sorte que la paix avec la République française soit conclue dans le plus bref délai possible, en renonçant à toute annexion de territoire français. » (*Applaudissements à l'extrême-gauche.*)

Le 2 mai 1871, nouvelle protestation — de Bebel, cette fois — et toujours à la tribune du Reichstag. Et comme il importe que vous ayez sous les yeux les pièces mêmes de ce grand débat historique, je vous demande la permission de vous citer textuellement les paroles qui ont été prononcées. (*Parlez ! parlez ! à l'extrême-gauche.*)

Le 2 mai 1871, lorsque l'attentat est accompli, lorsqu'il est soumis à la ratification des représentants de l'Allemagne impériale, Bebel dit :

« Je proteste contre l'annexion de l'Alsace-Lorraine, parce que je la considère comme un crime contre le droit des peuples (*Applaudissements à l'extrême-gauche*) et comme une honte dans l'histoire du peuple allemand. »

Le 20 octobre 1887, c'est-à-dire quinze ans plus tard, la protestation n'est pas moins ardente : « Nous autres socialistes, déclare Bebel en plein Reichstag, nous estimons que les peuples ne sont pas des troupeaux de moutons qui doivent changer de maître sans être consultés. Nous demandons que les peuples soient consultés sur leurs destinées et en décident eux-mêmes.

« Ce n'est pas là une manière de voir nouvelle ; les peuples ont le droit incontestable de disposer d'eux-mêmes, du moins ils devraient l'avoir. Or, les dernières élections de 1886 et de 1887 ont démontré que la grande majorité de la population de l'Alsace-Lorraine est hostile à la domination allemande : il existe dans ce pays une population qui ne veut pas être allemande. (*Applaudissements à l'extrême-gauche.*) L'annexion, qui a coûté à l'Allemagne plus de sacrifices qu'aucune annexion n'a jamais coûté à un pays, nous a placés entre deux adversaires : la France et la Russie...

« J'estime que le premier devoir et la tâche la plus sacrée de nos hommes d'Etat est de rechercher s'il n'y aurait pas possibilité d'arriver à un arrangement qui établirait entre la France et l'Allemagne des rapports durables de paix et d'amitié. »

J'arrive au 26 mars 1892, — je suis obligé de suivre les dates (*Oui ! oui ! — Parlez ! à l'extrême-gauche*), parce que, au dehors de cette Chambre, on a prétendu que, s'il y avait eu protestation à un moment donné, il y a longtemps que cette protestation aurait été abandonnée et qu'on se serait rallié au fait accompli. Eh bien ! non, contre le fait accompli la revendication a été éternelle. (*Très bien ! très bien ! à l'extrême-gauche.*) Et voici comment Liebknecht s'exprimait au Reichstag, il y a à peine cinq ans :

« Je n'ai jamais caché et je ne crains pas de

répéter aujourd'hui ce que j'ai dit maintes et maintes fois : que je considère l'annexion de l'Alsace-Lorraine non seulement comme un crime, mais encore comme une des plus grandes fautes politiques commises depuis longtemps. » (*Très bien! très bien ! sur les mêmes bancs.*)

Tel est votre second expulsé ; telle est et a toujours été la politique pratiquée en Allemagne par lui et par tout son parti ; politique qui avait eu dans notre pays un tel retentissement que, lorsqu'en 1893 Bebel a été élu député de Strasbourg, un de nos collègues, un ancien officier de marine, M. de Douville-Maillefeu, inaugurant à Hallaincourt, dans la Somme, un monument à la mémoire des soldats du canton tombés les armes à la main pour la défense de la patrie et de la République en 1870-1871, pouvait s'écrier :

« Nous venons d'avoir récemment notre première revanche, une revanche éclatante, plus utile peut-être que celle obtenue par les armes, c'est l'élection du républicain Bebel à Strasbourg ; c'est le châtiment mérité par le despotisme en Allemagne. » (*Très bien! très bien ! à l'extrême-gauche.*)

Et *le Journal d'Amiens* du 18 juillet, qui rend compte de la réunion, déclare que ces paroles ont été accueillies par des applaudissements unanimes et répétés. A ce moment-là, on ne pouvait pas supposer qu'il se trouverait un ministre de la République française pour célébrer cette première revanche en mettant au collet de Bebel la main d'un gendarme français et en le rejetant sur la terre impériale ! (*Applaudissements à l'extrême-gauche.*)

Mais est-ce seulement sur ce terrain de l'Alsace-Lorraine, malgré tout limité, que la démocratie socialiste se présente à nous comme le parti sur lequel pourrait et devrait s'appuyer une France réellement républicaine ?

Pourrait-on avoir oublié comment, partout et toujours, elle s'est mise en travers du militarisme, du despotisme de caserne de la Prusse ? N'a-t-elle pas combattu à toute occasion et de toutes ses forces, systématiquement, tous les projets militaires de M. de Bismarck, depuis le septennat jusqu'aux accroissements successifs de l'armée impériale ?

Qui ne se souviendrait qu'en 1883, quand il a fallu dissoudre le Reichstag pour arracher à un Parlement plus docile une nouvelle augmentation de 46,000 hommes, Hasenclever, au nom de Bebel, alors en prison, et de tous les socialistes allemands, répondit fièrement à M. de Bismarck, encore chancelier de l'empire : « Vous n'aurez de nous, ni un homme, ni un sou ? »

Et c'est dans ces conditions qu'on est allé aux urnes, que la démocratie socialiste a appelé à elle les travailleurs d'Allemagne et qu'ils ont répondu victorieusement à son appel. Les journaux les plus hostiles ont, en effet, été obligés de reconnaître que si ce parti avait au Reichstag une représentation proportionnelle, c'est-à-dire correspondante à ses véritables forces dans le pays, le septennat militaire, les nouvelles lois militaires, rien n'aurait été voté !

Voici ce qu'écrivait un journal qu'au moins à la droite de cette assemblée on ne saurait récuser :

« Le gouvernement n'a donc pas brisé l'opposition suscitée par la présentation de son projet de loi militaire. D'ailleurs, si la majorité des membres du Reichstag est pour le projet de loi militaire, les chiffres des scrutins des 15 et 24 juin démontrent que la majorité des électeurs est contre. Le parti essentiellement antimilitariste, nous voulons dire le parti socialiste, a gagné énormément de terrain. Et il faut ajouter que le nombre des députés socialistes, bien qu'ils aient dans le nouveau Reichstag neuf sièges de plus que dans l'ancien, ne donne pas encore l'idée exacte de la puissance de ce parti.

« Les circonscriptions électorales ont été établies selon le bon plaisir gouvernemental. C'est ainsi que des circonscriptions ouvrières de 100,000 habitants n'ont qu'un seul député, comme des circonscriptions rurales de 5,000 seulement.

« Aussi le parti socialiste, qui n'est pas le premier des partis politiques de l'empire par le chiffre de ses représentants au Parlement, est-il de beaucoup le premier par celui de ses électeurs.

« Si les socialistes étaient représentés au Reichstag en proportion de leur nombre, ils auraient moitié plus de sièges et la loi militaire serait repoussée haut la main. »

Cet aveu, ou plutôt cette justice rendue au socialisme allemand, est signé de M. de Kérohant, dans le *Soleil.*

Après vous avoir ainsi présenté dans leur véritable jour les hommes et le parti auxquels a été interdit le territoire de France, les hommes et le parti qui ont été traités en ennemis publics par M. le Ministre de l'intérieur, dont tous les autres membres du gouvernement sont solidaires, il me reste à demander à M. le Ministre quelles sont les raisons françaises ou quelles sont les raisons républicaines qui ont pu motiver son arrêté d'expulsion.

FABEROT. — C'est parce qu'il s'agissait de socialistes !

JULES GUESDE. — J'attends que cette réponse me soit faite, je ne veux pas la préjuger, parce qu'alors je serais obligé d'accuser le Gouvernement d'avoir mis les intérêts de sa classe, de la classe capitaliste, au-dessus des intérêts de la France et de la République. (*Vifs applaudissements à l'extrême-gauche.*)

Je demande à M. le Ministre quels sont les motifs qui ont pu l'amener à autoriser la réunion de Wissembach — réunion non pas de propagande socialiste ou collectiviste, puisqu'elle devait être strictement limitée aux électeurs d'Alsace, puisqu'il s'agissait d'un simple compte rendu de mandat interdit en Allemagne et organisé cette année en France comme il l'avait été l'année d'avant en Suisse — et comment, après avoir été autorisée, cette réunion a pu ensuite et à la dernière heure être brutalement empêchée. (*Très bien! très bien! à l'extrême-gauche.*)

Un membre à l'extrême-gauche. — C'était un guet-apens ! (*Exclamations au centre. — Bruit.*)

JULES GUESDE. — Je ne voulais pas prononcer le mot...

M. LE PRÉSIDENT. — Quel mot ?

JULES GUESDE... mais il est certain que, dans les conditions où les faits se sont déroulés, on est acculé à croire à un guet-apens. (*Nouvelles exclamations au centre. — Bruit.*)

M. LE PRÉSIDENT. — Eh bien, si ce mot a été prononcé, je rappelle à l'ordre l'auteur de l'interruption. (*Très bien! très bien!*)

RENÉ VIVIANI. — C'est moi, Monsieur le Présisident.

M. LE PRÉSIDENT. — Je vous rappelle à l'ordre.

JULES GUESDE. — Je dis que même si vous croyiez ne pas pouvoir laisser se produire cette réunion, vous aviez un devoir à remplir, c'était d'en aviser ceux qui devaient se réunir; que votre responsabilité directe commence le jour où, dans toute la presse française, dans vos journaux les plus ministériels, on a pu annoncer que Bueb et Bebel, députés d'Alsace, rendraient compte de leur mandat devant les Alsaciens convoqués sur la terre française. Or, il n'y a pas eu une ligne, pas un seul mot, dans toute la presse, ni même dans la partie de la presse dont vous disposez particulièrement, qui ait pu laisser croire que cette assemblée, interdite par les autorités impériales allemandes, n'aurait pas lieu, ne pourrait pas se tenir en France.

Vous avez attendu au dernier moment, vous avez laissé faire la convocation. Votre maire de Wissembach a donné le récépissé, et c'est lorsque ceux qui avaient été convoqués se rassemblaient en toute confiance, sur la foi, d'abord de la République, ensuite de toute la presse qui leur ouvrait pour ainsi dire la frontière, que, violemment, vous avez substitué à une autorisation accordée et publique un double arrêté d'expulsion.

Je dis que cela, vous ne pourrez le légitimer devant aucune Chambre française. (*Applaudissements à l'extrême-gauche.*)

Jules Guesde.— Messieurs, j'ai demandé à M. le Ministre de l'intérieur quelles étaient les raisons françaises ou républicaines qu'il pouvait invoquer à l'appui de son double arrêté d'expulsion, se produisant dans les conditions que je vous ai exposées tout à l'heure et que je maintiens. M. le Ministre a d'abord déclaré qu'il ne répondrait pas, et je crois que ce premier mouvement était le bon, parce qu'il ne pouvait me répondre. (*Très bien! très bien! à l'extrême-gauche.*)

Il ne pouvait pas donner une seule raison française à l'appui de l'expulsion des deux élus alsaciens, nommés contre les candidats impériaux allemands (*Très bien! très bien! sur les mêmes bancs*), ce qu'il n'a pas le droit d'ignorer. Il peut y avoir des rappels à l'ordre avec inscription au procès-verbal visant l'un des nôtres ; il n'y a pas de rappel à l'ordre avec inscription au procès-verbal lorsqu'il s'agit de l'histoire. (*Applaudissements à l'extrême-gauche.*)

Je répète que vous n'avez pas le droit d'ignorer dans quelles conditions se sont faites les élections de Bueb à Mulhouse et de Bebel à Strasbourg. Vous avez d'autant moins le droit de l'ignorer, Monsieur le Ministre, que en même temps que vous expulsiez Bueb, que vous lui fermiez la frontière, savez-vous à qui vous l'ouvriez ? Si vous ne le savez pas, si vos préfets ne vous l'ont pas appris, je vais vous l'apprendre.

Il y avait deux candidats à Mulhouse en 1893 : il y avait le candidat protestataire qui était en même temps le candidat socialiste — c'était Bueb — et il y avait, d'autre part, un candidat qui avait dû, pour accepter une cure de l'empire d'Allemagne, signer l'engagement de ne pas faire d'opposition à la politique de l'empereur : c'était l'abbé Cetty. (*Applaudissements à l'extrême-gauche.*)

De ces deux candidats, le candidat socialiste

revendiquant pour les Alsaciens-Lorrains le droit de disposer d'eux-mêmes et le candidat impérial, le second a été écarté, rejeté, vomi par les ouvriers de Mulhouse. (*Applaudissements sur les mêmes bancs.*)

Mais vous l'avez recueilli : il a passé la frontière, celui-ci, et il n'y avait ni commissaire de police, ni sous-préfet, ni gendarme pour lui faire rebrousser chemin. Il est venu chez nous à Lyon où il a pris part à un congrès qui se disait « social », où l'on a proposé d'organiser un parti du centre comme en Allemagne (*Applaudissements sur les mêmes bancs*), un parti contre la loi laïque, contre la République laïque, qui ont été dénoncées comme un *kulturkamp* français ! Il était là, cet abbé, au milieu des hommes qui vous somment de revenir sur l'œuvre de la Révolution et de biffer ses lois n'admettant ni question de race ni question de religion et laissant entrer ces parias du moyen âge, les Juifs, dans la citoyenneté française. Il vous sommait avec eux de reculer en deçà de 1789, en plein ancien régime, en même temps qu'il organisait chez vous cette montée à l'assaut de la République par le clergé devenu un parti politique....

M. Dutreix. — On le favorise aujourd'hui cet assaut !

Jules Guesde. — Il était là, M. Cetty, se recommandant de l'empereur allemand (*Applaudissements à l'extrême-gauche*), se recommandant du pape italien ! Ce sont ces deux puissances, également étrangères, qui disposent de tous les droits en France sous votre République !

Quant à Bebel, lisez donc vos propres revues, lisez donc vos journaux. Dans *la Revue de Paris* de septembre-octobre, sous le titre « Voix d'Alsace », figure un article des plus instructifs. Il nous apprend qu'à Mulhouse les patrons se sont vite fatigués d'une opposition contraire à leurs intérêts et qu'ils ont été jusqu'à refuser à leurs ouvriers un candidat de protestation.

Ce n'est pas moi qui dis que ce sont les ouvriers socialistes qui sont les patriotes en Alsace et que ce sont les patrons qui sont les ralliés à l'empire d'Allemagne. (*Applaudissements sur les mêmes bancs.*) Ce n'est pas moi, c'est vous, ce sont vos organes.

Voici le passage. Après avoir rappelé que des socialistes ont réuni en Alsace 46,153 voix aux dernières élections, *la Revue de Paris* ajoute :

« A Mulhouse, dans cette grande ville industrielle qui était si paisible sous la domination française, le socialisme s'est introduit, il faut en convenir, un peu par la faute des patrons. Ils se sont lassés d'une opposition qui nuisait à leurs affaires et ils n'ont pas voulu fournir de candidat au parti alsacien. Immédiatement leurs ouvriers se sont tournés vers les socialistes, dans lesquels ils ne voient pas seulement les défenseurs de leurs intérêts, mais qui ont aussi à leurs yeux le mérite d'avoir toujours protesté contre l'annexion violente de l'Alsace et de la Lorraine. » (*Applaudissements à l'extrême-gauche.*)

Passant ensuite à l'élection de Bebel à Strasbourg, la même Revue nous donne les renseignements suivants : « Les immigrés, avec le petit appoint des ralliés, avaient la majorité et nommaient le rallié Piétri. Les Alsaciens ont fait alliance avec l'appoint des socialistes allemands et ont nommé Bebel. Les cris de : Vive la France ! par lesquels cette élection a été saluée... » (*Applaudissements sur les mêmes bancs*) « montrent bien quelle signification ils y attachaient... »

Vous rappellerai-je enfin que toujours en Alsace, à Colmar, le candidat protestataire Preiss n'a été élu au 2e tour contre le candidat impérial Ruhland, député sortant, que grâce aux 1,997 voix du candidat socialiste Lux, qui s'était désisté en sa faveur? (*Applaudissements à l'extrême-gauche.*) C'est après cela, devant ces faits, que vous êtes venu nous vanter votre patriotisme !

C'est vous, le patriote, consignant à la frontière les patriotes alsaciens ! c'est vous, le patriote, traitant d'Allemands les Alsaciens restés fidèles et proscrivant les députés allemands qui, s'élevant au-dessus des questions de nationalité, ont affirmé et maintenu, en même temps que l'intégrité de la République française, le droit imprescriptible des populations de disposer d'elles-mêmes !

Savez-vous ce que pensait, ce que disait Gambetta de ces hommes qu'on a osé ici attaquer après les avoir expulsés ? Mais peut-être l'organisateur de la défense nationale est-il devenu vieux jeu aujourd'hui. (*Très bien! très bien! et rires ironiques à l'extrême-gauche.*) Peut-être trouve-t-on qu'il a moins fait que M. Barthou pour le salut du pays et de la République.

Or voici la pensée et le verbe de Gambetta qui, lui, n'envoyait pas des commissaires munis d'arrêtés d'expulsion au-devant de Bebel, mais lui faisait adresser, ainsi qu'à Liebknecht, la lettre de félicitations suivante :

« Au nom de la République française, dont le gouvernement m'a accrédité comme son représentant spécial auprès de la démocratie socialiste allemande, je crois de mon devoir de vous remercier pour les nobles paroles que vous avez prononcées au milieu d'une assemblée fanatisée par l'esprit de conquête et l'ivresse du militarisme. Le courage dont vous avez fait preuve à cette occasion a attiré sur vous l'attention de l'Europe entière, et vous a conquis une place glorieuse parmi les champions de la liberté.

« L'esprit de liberté et d'humanité, comme vous l'avez si éloquemment exposé, subit en ce moment en Allemagne une éclipse pareille à celle que nous avons nous-mêmes éprouvée pendant le premier empire, et on va au-devant des mêmes déceptions. Une rage de domination brutale s'est emparée des esprits les plus éclairés. Des penseurs qui, il n'y a pas longtemps, répandaient leurs lumières sur le monde, sont devenus, sous l'impulsion de M. de Bismarck, les apôtres du meurtre et de l'écrasement de toute une nation. C'est vous, messieurs, vous et votre parti, qui, dans cette défaillance générale, avez maintenu la grande tradition allemande. (*Applaudissements à l'extrême-gauche.*) Vous êtes, à nos yeux, les grands représentants d'une nation allemande (*Très bien! très bien! à l'extrême-gauche*) que nous avons aimée d'un amour vraiment fraternel et que nous n'avons pas cessé d'estimer. La France vous salue, messieurs, et vous remercie, car elle voit en vous l'avenir de l'Allemagne et l'espoir d'une réconciliation entre les deux pays.» (*Applaudissements à l'extrême-gauche.*)

C'est sur cet espoir que vous avez marché, Monsieur Barthou, lorsque vous avez rejeté Bebel et Bueb hors de France sans l'ombre d'une raison, sans l'ombre d'un prétexte, parce qu'ils étaient socialistes. Ah ! oui, vous l'avez dit, ou, si vous ne l'avez pas dit, vous l'avez donné à entendre : c'est leur socialisme que vous avez consigné à la frontière. Vous n'avez tenu compte ni des services rendus au pays ni du véritable héroïsme déployé par eux pendant l'Année terrible. (*Applaudissements à l'extrême-gauche.*)

J'ai parlé d'héroïsme. Un fait à l'appui : Il y avait à Leipzig, dans un faubourg, une petite maison habitée par Liebknecht, contre qui on avait déchaîné en Allemagne les mêmes passions, les mêmes bestialités chauvines qu'on essaye aujourd'hui d'ameuter contre nous. Des bandes se sont formées, qui, armées de pierres, sont venues donner l'assaut (*Nouveaux applaudissements à l'extrême-gauche*), et, dans cette maison lapidée, un enfant a eu le front ouvert : c'était l'enfant de Liebknecht, dont le sang a coulé parce que son père, parce que Liebknecht avait fait son devoir envers l'humanité et envers la République ! (*Applaudissements à l'extrême-gauche.*)

Monsieur Lavertujon, tout à l'heure, vous nous avez pris à partie ; je ne sais pas au juste quelle a été votre interruption, mais je vous ai crié : Vous avez tort ! Et je vais vous le prouver. Je vous rappellerai un des vôtres, M. André Lavertujon, qui, directeur de *la Gironde*, de Bordeaux, ne pensait pas autrement que nous des socialistes allemands, bien qu'il fût loin d'être lui-même socialiste. C'était en 1872, lors du procès de haute trahison intenté à Bebel et à Liebknecht devant la cour de Leipzig — procès qui devait leur valoir une condamnation à deux années de forteresse et dans lequel a été précisément invoquée contre eux la lettre de Gambetta — et M. Lavertujon, admirant la vaillance des inculpés, écrivait ce qui suit dans *la Gironde* du 28 mars :

« Bebel et Liebknecht ont droit à l'estime, à la reconnaissance de tous les Français, sans distinction d'opinion, pourvu qu'ils aient au cœur l'amour de la patrie. » (*Applaudissements à l'extrême-gauche.*)

Ces paroles, qui répondaient alors au sentiment unanime du parti républicain tout entier, pourraient suffire ; je crois cependant devoir les faire suivre de deux lignes d'un homme que nous avons tous appris à respecter pour l'unité de sa vie républicaine : je veux parler d'Auguste Vacquerie, fondateur et directeur du *Rappel.* Que disait-il ?

« La France — je cite textuellement — a partout des ennemis, mais elle a aussi partout des amis. Le patriotisme qui confondrait les uns avec les autres ne serait pas seulement de l'injustice, ce serait de l'antipatriotisme. »

C'est ce que vous avez fait, Monsieur Barthou. Vous avez ensuite tenté de distinguer entre les socialistes allemands, qui seraient allemands, et les socialistes français, qui ne seraient peut-être pas assez français... pour vous. Nous n'acceptons pas cette distinction. Les socialistes français sont français, comme les socialistes allemands sont allemands. Ce que nous avons signé avec eux, ce n'est pas un pacte de trahison mutuelle contre nos patries respectives, mais un pacte de solidarité pour l'affranchissement de toutes les patries dans une humanité régénérée et libre. (*Applaudissements à l'extrême-gauche.*)

Vous avez rappelé Bebel déclarant que si l'Allemagne était attaquée il serait au premier rang pour la défendre. Et nous donc ? Est-ce que, partout et toujours, nos déclarations n'ont pas été aussi explicites ? Est-ce que, notamment, dans notre congrès national de Paris en 1893, la première résolution votée ne porte pas « que la France attaquée n'aurait pas de défenseurs plus ardents et plus conscients que les socialistes du Parti Ouvrier, convaincu du grand rôle qui lui est réservé dans la prochaine révolution sociale ? » (*Très bien ! très bien ! à l'extrême-gauche.*)

Trêve donc à cette politique de calomnies qui n'osent pas s'avouer (*Très bien ! très bien ! sur les mêmes bancs*), et d'insinuations dont on essaye de nous atteindre, qui ne sont dignes ni de nous ni de vous ! Ou si réellement vous avez de ce chef un procès à nous faire, ayez le courage de l'instruire : nous instruirons le vôtre ! (*Applaudissements à l'extrême-gauche.*)

Dans sa réponse, l'orateur du gouvernement n'a pas tardé à sortir de Saint-Dié : il a quitté la frontière des Vosges. Vous n'y étiez pas à l'aise, Monsieur le Ministre de l'intérieur. Vous avez essayé une diversion finale et, après avoir déclaré que vous alliez vous enfermer dans le cercle étroit de l'interpellation où j'avais eu soin de me confiner, c'est vous qui en êtes sorti.

Vous vous êtes transporté brusquement à Lille et vous avez évoqué les désordres qui s'y seraient produits en juillet dernier.

A l'extrême-gauche. — C'est vrai !

JULES GUESDE. — Et vous avez osé prétendre que votre arrêté d'expulsion avait pour but d'empêcher la reproduction à la frontière des troubles qui ont eu lieu dans la grande ville du Nord. Vous avez fait cette insulte aux Lorrains des Vosges et de l'extrême frontière, de les supposer capables de se porter au-devant de Bueb, l'élu de leurs frères d'Alsace, pour le huer! (*Nouveaux applaudissements sur les mêmes bancs.*)

Vous leur avez fait l'injure de croire qu'ils répéteraient là-bas la manœuvre électorale de Lille! Car cette prétendue explosion du patriotisme Lillois n'a été qu'une manœuvre, qu'une exploitation honteuse du patriotisme (*Nouveaux applaudissements sur les mêmes bancs*), dans un misérable but politique, par un parti aux abois se raccrochant à la patrie pour couvrir ses tripotages et retarder au moins son irréparable défaite. (*Bruit. — Mouvements divers.*)

Vous avez osé parler des manifestations de Lille et les représenter comme dirigées contre l'étranger, alors que vous devez savoir — les journaux allemands vous l'ont appris — comment elles ont été interprétées de l'autre côté des Vosges.

Si vous l'ignorez, M. Hanotaux, lui, doit le savoir.

Gérault-Richard. — Oh! non, il ne sait rien; il ferme ses oreilles, M. Hanotaux! (*Sourires à l'extrême-gauche.*)

Jules Guesde. — Ecoutez, c'est de Berlin qu'on écrit : « La grande masse du peuple allemand, loin de se froisser des manifestations de Lille, en a éprouvé une sorte de satisfaction. Ces manifestations ont été considérées comme étant dirigées en première ligne contre les députés socialistes allemands et non contre l'empire ou le peuple allemand... » — vous entendez bien ? — « certains journaux ont presque félicité les Lillois d'avoir donné une leçon de patriotisme à Liebknecht et à ses collègues. Le gouvernement n'a certes pas songé un instant à considérer ces manifestations comme un incident diplomatique, car il aurait l'air de défendre les socialistes, alors qu'au contraire il ne néglige aucun moyen de les combattre à l'intérieur. »

C'est au journal *le Soleil* qu'est adressée cette instructive correspondance.

Il paraît que le combat engagé à l'intérieur par l'empire contre les socialistes allemands ne suffisait pas à M. Barthou ; il a voulu y joindre le combat à l'extérieur par la République française. (*Très bien ! très bien ! à l'extrême-gauche.*)

Oh ! non, ne parlons pas de ces événements de Lille qui ont été soumis au suffrage universel, puisque c'était en vue de peser sur les électeurs, c'était en vue de fausser le scrutin, qu'on a, trois jours durant, battu le rappel sur la peau d'âne du plus abject chauvinisme. Et quel a été le résultat ? La patrie, on l'avait mise en avant, on s'était couvert d'elle pour décrocher une timbale électorale ! Mais le corps électoral ne s'est pas laissé duper ; Lille, qu'on prétendait indignée, tout entière debout contre la venue de Liebknecht et de Singer, Lille a donné la majorité, et une majorité accrue, à notre ami Ghesquière : alors que quelques mois auparavant, dans l'élection qui devait être cassée, le même candidat socialiste n'avait réuni que 1,767 voix, c'est par 2,005 qu'il a été cette fois envoyé au conseil général, c'est-à-dire que d'un scrutin à l'autre il a gagné 300 voix, laissant sur le carreau le candidat patriotard qui s'était taillé une réclame électorale dans le drapeau tricolore. (*Rumeurs au centre et à droite. — Très bien! très bien! à l'extrême-gauche.*) Il nous appartient comme à vous, le drapeau tricolore, et je vous défie et je vous défends de le monopoliser! (*Applaudissements à l'extrême-gauche.*) La question de Lille ainsi tranchée par le suffrage universel, je suis obligé de passer à Billy-Montigny.

M. le Ministre étant sorti de Saint-Dié pour me conduire à Lille, j'ai le droit, à mon tour, de le conduire ailleurs, à Billy-Montigny, à Wahagnies, partout où ont été renouvelées les saturnales dont vous vous plaignez, sous la protection de maires que vous n'avez pas suspendus, alors que vous suspendiez Delory qui, lui, avait fait son devoir. Ces maires-là ont provoqué à l'assassinat de conseillers généraux et municipaux venus dans leurs communes... (*Vives réclamations au centre et sur plusieurs bancs à gauche et à droite.*)

M. le Président. — Il n'est pas possible d'apporter ici, au milieu d'une interpellation et en dehors du débat, de pareilles accusations contre des citoyens français ! (*Très bien! très bien!*)

RENÉ VIVIANI. — C'est M. le Ministre qui le premier a parlé de Lille.

JULES GUESDE. — Je suis sorti du terrain étroit de l'interpellation parce que M. le Ministre m'a amené, par l'incursion qu'il a faite à Lille, à parler de Montigny et de Wahagnies, où les violences qui se sont produites ne sont que la suite de celles de Lille.

M. LE PRÉSIDENT. — Soit; mais vous portez contre des citoyens des accusations contre lesquelles, dans tous les cas, n'étant pas averti, personne ne pourrait les défendre. (*Applaudissements sur un grand nombre de bancs.*) La tribune n'est pas faite pour ce genre d'opération. (*Nouveaux applaudissements sur les mêmes bancs. — Interruption à l'extrême-gauche.*)

LAVY. — Mais si M. Guesde établit ce qu'il avance?

M. LE PRÉSIDENT. — Encore une fois, cela n'est pas dans le débat.

JULES GUESDE. — Il est entendu que le champ d'une interpellation est sans limites lorsqu'il s'agit de la réponse du gouvernement aux questions bien précises qui lui ont été posées ; mais que le champ d'une interpellation devient, au contraire, étroitement limité, restreint, amputé... (*Exclamations ironiques au centre et à droite.*)

M. LE COMTE DE LANJUINAIS. — Il me semble pourtant que vous ne vous gênez pas !

Jules Guesde. — ... lorsque nous avons à faire le procès à la politique gouvernementale. Car c'est bien toute une politique que j'ai à examiner, à juger ici, cette politique qui consiste à dire : Les Alsaciens cessent d'être Alsaciens quand ils deviennent socialistes ; les Français cessent d'être patriotes du moment qu'ils deviennent socialistes.

C'est la politique qu'a défendue M. le Ministre de l'intérieur, lorsque, s'adressant à ce côté de la Chambre (l'extrême-gauche), à des collègues, il n'a pas craint de les signaler comme des sans-patrie, uniquement parce que socialistes !

M. le Ministre de l'intérieur. — Monsieur Guesde...

M. le Président. — Monsieur le Ministre, je vous en prie...

M. le Ministre de l'intérieur. — Je me suis formellement défendu d'adresser la moindre insinuation contre des collègues, et savez-vous contre quoi j'ai protesté ? J'ai protesté contre des articles comme celui-ci...

Jules Guesde. — Des articles ?

M. le Ministre de l'intérieur. — ... que je relève... (*Interruptions à l'extrême-gauche.*)

Vous m'interpellez, écoutez au moins ma réponse !

... que je relève dans *l'Almanach de la Question sociale.*

Jules Guesde. — Poursuivez l'article, si vous le jugez délictueux.

M. LE MINISTRE DE L'INTÉRIEUR. — Laissez-moi parler, je vous prie. (*Dénégations à l'extrême-gauche. — Lisez ! lisez ! au centre.*)

M. LE PRÉSIDENT. — Monsieur Guesde, autorisez-vous cette lecture ?

JULES GUESDE. — Non, Monsieur le Président.

M. LE PRÉSIDENT. — Monsieur le Ministre...

M. LE MINISTRE DE L'INTÉRIEUR. — Comment, Monsieur le Président, depuis trois quarts d'heure j'écoute avec patience... (*Bruit à l'extrême-gauche.*)

M. LE PRÉSIDENT. — Permettez !...

M. LE MINISTRE DE L'INTÉRIEUR. —... non seulement les attaques de M. Jules Guesde, mais les interruptions les plus violentes, les plus passionnées de ses collègues, et je n'aurais pas le droit d'y répondre ?

M. LE PRÉSIDENT. — Monsieur le Ministre, j'ai réprimé, et réprimé de certaines peines sévères du règlement, les interruptions dirigées contre vous que j'ai entendues.

M. LE MINISTRE DE L'INTÉRIEUR. — J'en ai entendu d'odieuses !

M. LE PRÉSIDENT. — Lesquelles ? Il fallait me les signaler.

Une de ces interruptions ayant été relevée, je l'ai immédiatement frappée du rappel à l'ordre avec inscription au procès-verbal. Je n'ai point entendu d'autre parole méritant une des pénalités prévues par le règlement en dehors de celle que j'ai frappée.

Tout à l'heure encore, j'ai interrompu M. Guesde parce qu'il sortait visiblement du débat pour mettre en cause d'une façon violente des citoyens qui ne pouvaient pas être défendus. (*Très bien ! très bien ! au centre.*)

Maintenant, Monsieur le Ministre de l'intérieur, vous aurez la parole pour répondre. Dans tous les cas, je voudrais que tout le monde comprît le peu d'intérêt qu'il y a (*Très bien ! très bien !*) et à poursuivre et à passionner à ce point, jusqu'au point peut-être où nous ne pourrons plus la retenir dans de justes limites, une discussion difficile. (*Très bien ! très bien !*)

J'adresse cet appel à tous mes collègues, sans exception. (*Applaudissements.*) Je pense qu'ils me comprennent. Le patriotisme de tous ici (*Très bien ! très bien !*) est au-dessus de toute attaque comme de tout éloge. (*Nouveaux applaudissements.*) Nous sommes tous ici, sur tous les bancs, de bons Français, prêts à servir la patrie jusqu'à la dernière goutte de notre sang ; ne la déchirons donc pas (*Applaudissements*), et n'en déchirons pas la représentation par des débats qui pourraient faire croire le contraire. (*Vifs applaudissements.*)

Jules Guesde. — Messieurs, si je n'ai pas laissé, avec le droit que me donnait la tribune occupée momentanément, Monsieur le Ministre de l'intérieur donner lecture d'un article qui figurerait comme pièce à son dossier, c'est que, d'après M. le Ministre, il s'agit d'un almanach auquel je suis complètement étranger, et qui n'a pas de représentant sur ces bancs. A quel titre, dès lors, l'invoquer contre nous ?

M. LE MINISTRE DE L'INTÉRIEUR. — C'est une erreur, je demande la parole.

JULES GUESDE. — Peut-être allez-vous me dire qu'il contient un article de moi. Cet article ne m'a pas été demandé ; il a été publié sans mon autorisation... (*Exclamations sur divers bancs.*)

M. LE COMTE DE BERNIS. — Il a été écrit par vous, dans tous les cas ! (*Bruit.*)

M. RENÉ GAUTIER. — L'avez-vous écrit, oui ou non ?

JULES GUESDE. —... mais s'il s'agissait de cet article, croyez bien, Monsieur le Ministre, que c'est moi qui vous supplierais d'en donner lecture.

Plusieurs membres. — Aux voix ! aux voix !

A l'extrême-gauche. — Parlez ! parlez !

JULES GUESDE. — Messieurs, je vous demande pardon, mais il m'est impossible de ne pas aller jusqu'au bout de ma réponse. Je tiendrai compte des observations de M. le président ; je ferai tout le possible pour ne pas passionner davantage le débat, mais j'ai besoin d'aller jusqu'à l'extrême limite de la discussion.

Je disais, faisant allusion à des faits que, paraît-il, je ne peux pas apporter à la tribune, que certaine affectation du patriotisme ne correspondait nullement à ce que peut et doit être le sentiment national... (*Bruit.*)

Lorsque je vois, par exemple, comme à Wahagnies, des chefs porions belges assommant, avec le concours d'autres ouvriers non moins belges, un volontaire de 1870-1871 comme Evrard Florent, je dis que cette forme de patriotisme ne saurait trouver aucun défenseur dans cette assemblée. (*Très bien ! très bien ! à l'extrême-gauche. — Aux voix ! sur divers bancs.*)

Il est plus facile de crier « aux voix ! » que de répondre. (*Bruit.*)

J'affirme que les socialistes français peuvent et doivent être internationalistes, et que cela ne saurait en rien diminuer leurs sentiments patriotiques. (*Rumeurs au centre. — Très bien ! et applaudissements sur plusieurs bancs à l'extrême-gauche.*)

Ce n'est pas moi qui parlerai, messieurs, et peut-être vous reconnaîtrez-vous, dans les lignes que je vais lire :

« Il est un phénomène social que nul ne peut négliger. Notre vie, nos intérêts s'internationalisent de plus en plus : les idées, les sciences, les arts, les capitaux, les modes ne connaissent déjà plus de frontières. Le moment viendra bientôt où il faudra, bon gré mal gré, tenir compte de ce changement et trouver une conciliation rationnelle entre le patriotisme, qui ne peut cesser d'être la religion de tout peuple qui veut vivre, et la solidarité de l'humanité qu'engendre et que fait triompher le progrès même de la civilisation.

(*Interruptions au centre.*) Les grands peuples de l'avenir seront ceux qui sauront le mieux résoudre les deux termes de cette antinomie. » (*Interruptions à droite. — Mouvements divers.*) C'est le journal le *Temps*, du mercredi 10 juillet 1895, qui établissait ainsi la nécessité, pour être nationaliste, pour être patriote, d'être en même temps internationaliste. (*Applaudissements à l'extrême-gauche.*)

Et maintenant je terminerai... (*Ah ! ah ! sur divers bancs.*)

Messieurs, pourquoi afficher ainsi votre hâte d'en finir avec un débat qui vous gêne ? Ce que poursuivent les socialistes français, ce que poursuivent les socialistes allemands, ce que poursuivent les socialistes de tous les pays, c'est cet état nouveau dont parlait le *Temps*, c'est une société nouvelle dans laquelle les nations, solidarisées, au lieu d'être à l'état antagonique d'aujourd'hui... (*Très bien ! très bien ! à l'extrême-gauche*), travailleront, pourront travailler, en commun, de concert, à l'avènement pour tous d'une vie réellement humaine (*Applaudissements à l'extrême-gauche*) ; et pas plus que la disparition des provinces en 1789 ne s'est opérée contre les provinces elles-mêmes lorsqu'elles ont revêtu la forme nationale qui était une première étape, un progrès vers l'unité humaine, l'internation qui nous attend demain ne s'opérera contre les nations d'aujourd'hui, mais à leur bénéfice et par leur développement supérieur. (*Très bien! très bien! à l'extrême-gauche.*) Au lieu de s'épuiser les unes contre les autres dans des armements qui continuent, en l'aggravant, la barbarie d'autrefois, elles constitueront ce milieu nouveau, ce milieu harmonique dans lequel elles collaboreront, avec leurs tempéraments et leurs qualités propres, à la même grande œuvre de liberté, de bien-être et de lumière. (*Mouvements divers.*)

Et ce n'est pas nous, seulement, les socialistes, qui rêvons, à propos de l'Alsace-Lorraine, à propos de la guerre franco-allemande, cet aboutissant qui est la véritable et l'unique solution ; c'est un de nos grands hommes de guerre, celui qui, en 1871, a, par son héroïsme, prouvé ce que pouvait être pour la défense du pays la nation armée, le général Faidherbe.

La poudre avait à peine cessé de parler, lorsqu'en 1871, le vainqueur de Bapaume écrivait ce qui suit dans sa *Campagne de l'armée du Nord*, dédiée à Gambetta, membre du Gouvernement de la Défense nationale :

« La France, disait Faidherbe, a entraîné avec elle l'abattement momentané de la démocratie en Europe... Mais nous avons le ferme espoir que nos vainqueurs les Allemands, relevés à leurs propres yeux par des succès obtenus au prix de leur sang, ayant dorénavant le sentiment de leur valeur et de leur dignité, réclameront bientôt intégralement leurs droits d'hommes libres dans leur propre pays et ne se contenteront plus, pour en jouir, de s'expatrier en Amérique. »

Faidherbe prévoyait, dès lors, la marche victorieuse de la démocratie socialiste allemande :

« Si de notre côté nous sommes régénérés et libres aussi, les deux peuples oublieront leurs anciennes guerres dans une union fraternelle; le Rhin ne sera plus une barrière convoitée et trop souvent ensanglantée, mais un trait d'union (*Applaudissements à l'extrême-gauche*), une artère vivifiante, et l'Europe jouira enfin d'une paix sérieuse. »

Ecoutez la fin, messieurs :

« Voilà la revanche que les bons esprits doivent désirer prendre sur M. le prince de Bismarck et sur la féodalité allemande ! » (*Très bien ! très bien ! à l'extrême-gauche.*)

Nous sommes « revanchards » à la façon du général Faidherbe ! (*Applaudissements à l'extrême-gauche. — Aux voix !*)

M. LE PRÉSIDENT. — J'ai reçu l'ordre du jour suivant de M. Guesde :

« La Chambre, regrettant qu'un ministre de la République française ait pris, contre l'Alsace et ses élus socialistes, la suite de l'empire allemand, passe à l'ordre du jour. »

Voix nombreuses au centre et à gauche. — L'ordre du jour pur et simple !

L'ordre du jour pur et simple, mis aux voix, est adopté par 357 voix contre 69 (1).

(*Séance du 20 février 1897.*)

(1) Voici les noms des 69 protestataires :

MM. Baudin, Baulard. Bepmale. Bonard. Boyer (Antide). Boysset.

Calvinhac. Carnaud. Charpentier. Chauvière. Chauvin. Chevillon. Compayré (Emile). Cornet (Lucien). Coutant. Couturier.

Dejeante. Derveloy. Desfages. Deville (Gabriel).

Faberot. Franconie.

Gendre. Gérault-Richard. Girodet. Goblet. Goujat. Goussot Grousset (Paschal). Groussier. Guesde.

Hubbard (Gustave). Hugues (Clovis) (Seine).

Jacques. Jaurès. Jourde.

Labussière. Lagnel (Bouches-du-Rhône). Laporte (Gaston) (Nièvre). Lavy. Leconte (Alfred). Leygue (Raymond) Haute-Garonne). Loup.

Maret (Henry). Masson. Mathé (Félix). Merlou. Millerand. Mirman. Montaut (Seine-et-Marne).

Naquet (Alfred).

Pajot. Pelletan (Camille). Pétrot (Albert).

Renou. Rouanet. Rousse (Charles).

Salis. Sauvanet. Sembat. Sever (colonel). Souhet.

Toussaint. Turigny.

Vaillant. Vaux (Pierre). Viviani.

Walter.

LES BUREAUX DE PLACEMENT

Jules Guesde. — Messieurs, je serai très bref. Je voudrais examiner avec vous ce qu'il y a au fond de ces bureaux de placement, dont nous demandons la suppression immédiate et sans indemnité ; je voudrais rechercher à quoi ils correspondent dans la société actuelle et établir ainsi qu'ils sont en contradiction formelle avec la Révolution française, dont vous vous réclamez et dont vous vous faites en toute occasion les défenseurs contre nous.

Nous demandons la suppression des bureaux de placement au nom même de cette liberté du travail qui constitue la « principale conquête de 1789 ».

Où donc est-elle, en effet, la liberté du travail, du moment qu'il faut au travailleur, pour arriver jusqu'au travail, dont il a besoin pour vivre, acquitter un droit, payer une dîme ? Mais nous revoilà en plein ancien régime, que vous avez la prétention d'avoir fait disparaître et que vous avez au contraire ressuscité et aggravé ! (*Très bien ! très bien ! à l'extrême-gauche.*)

Ce n'est même plus la dîme déterminée, connue à l'avance, d'autrefois ; c'est une dîme sans limite, laissée à l'arbitraire de quelques-uns qui ont monopolisé le marché du travail, dîme qui se paye en argent et qui se paye aussi en nature. (*Applaudissements à l'extrême-gauche.*)

Je dis qu'au nom seul de la liberté du travail l'institution des bureaux de placement se trouve condamnée ; je dis, d'un autre côté, que le placement des sans-travail, c'est-à-dire la vie même de milliers et de milliers de membres de l'humanité, ne saurait faire l'objet d'une industrie ou d'un commerce.

Certes, la société d'aujourd'hui est basée tout entière sur l'exploitation du travail ; elle a pour principe et pour fin les profits réalisés sur les ouvriers en activité, et dépouillés d'autant. Mais ici, c'est l'exploitation du travail qui n'existe pas...

JAURÈS. — Très bien !

JULES GUESDE... C'est le profit réalisé sur une production ouvrière encore à venir ; c'est le vol, par suite, à sa deuxième puissance.

Comment, même sur vos bancs, admettre la liberté d'un pareil commerce, d'une pareille industrie, qui porte sur l'homme lui-même ? Vous auriez pu aussi bien conserver, maintenir la traite ! Ce n'était pas une forme différente de la liberté du commerce et de l'industrie ! Les bureaux de placement ne sont, pour qui va au fond des choses, que le prolongement de la traite des noirs et de la traite des blanches, ou plutôt ils sont la réunion, l'addition, la synthèse de cette double traite.

Et s'il y a quelque chose de scandaleux, c'est qu'un semblable état de choses ait pu durer jusqu'à présent, alors qu'il est impossible d'apporter un seul argument à l'appui d'une institution de cette nature.

Je ne veux pas entrer dans le détail. On vous a dit ce qui s'opérait dans ce qu'on a pu appeler des antres de malfaiteurs, et dans ce qui constitue en tous cas les plus louches des officines. C'est le principe seul que j'entends combattre pour l'instant. Je dis qu'il n'est pas possible, à cette fin du dix-neuvième siècle, que sur les bancs d'un gouvernement républicain, que dans une Chambre républicaine il se trouve personne pour prendre la défense du placement à titre onéreux.

Le placement des sans-travail, qui ne saurait être ni une industrie ni un commerce, qui ne peut pas donner matière à profit, est essentiellement un devoir social, une fonction sociale.

Jaurès. — Très bien ! très bien !

Jules Guesde. — Vous pouvez discuter pour savoir qui exercera cette fonction, qui remplira ce devoir. Sera-ce exclusivement la classe en cause en la personne de ses syndicats ? Seront-ce les municipalités ? Ce que vous ne pouvez nier, c'est que toute idée de spéculation doit être éliminée d'une opération de ce genre. Lorsqu'on a, comme vous, je ne dis pas créé de toutes pièces et volontairement — je laisse ces accusations à ceux qui ne se rendent pas compte des fatalités économiques, des conditions mêmes de l'évolution sociale et humaine, — mais laissé passer, en la déclarant la meilleure des sociétés, une société dans laquelle le plus grand nombre de ses membres, expropriés de tous moyens de travail, ne possédant ni un pouce du sol, ni un morceau de machine, ni une miette d'atelier, ne peuvent vivre que de leur propre vente ; dans laquelle hommes, femmes et enfants sont réduits à l'état de chose et de marchandise, on ne saurait, sans crime, permettre qu'il soit spéculé sur une misère d'origine sociale, et, sans un autre crime, se refuser au devoir qui s'impose de leur procurer, dans la mesure où le comporte l'ordre capitaliste lui-même, les moyens de vivre en travaillant.

Quand ce travail existe, qui est leur seul moyen d'existence et vers lequel ils tendent de toutes les forces de leur estomac vide, vous devez les y conduire directement ou le leur amener ; c'est là votre obligation stricte, dont il vous est défendu de vous décharger sur des tiers.

Au lieu de cela, c'est aux derniers des hommes que vous vous en êtes remis de ce soin ; vous avez eu recours, pour le placement de la chair à travail, aux anciens trafiquants de la chair à patrie, aux ex-marchands d'hommes, devenus marchands d'ouvriers, d'ouvrières, de domestiques des deux sexes. C'est à ces intermédiaires — qui rappellent les négriers de jadis — que vous avez livré, abandonné à merci ceux et celles que la faim talonne et qui pour manger se trouvent inclinés à toutes les capitulations. (*Très bien! très bien ! à l'extrême-gauche.*)

Un pareil scandale ne saurait se prolonger.

J'ai annoncé que je serais court ; je n'insiste donc pas. Je voudrais seulement, avant de descendre de la tribune, réfuter en quelques mots les deux seules objections qui nous aient jusqu'à présent été opposées.

On a dit d'une part : mais ces bureaux de placement condamnés, anathématisés, contre lesquels il y a eu presque des « journées » dans les rues de Paris et d'autres grandes villes, on a reculé à leur égard les bornes de l'ingratitude ! Ils ont rendu et ils rendent tous les jours des services incontestables. Ils ont placé et ils placent, alors qu'on était libre de ne pas passer par leur intermédiaire. C'est la même classe ouvrière qui demande leur suppression et qui, cependant, les fait vivre !

Tel est le premier argument dont on use et dont on abuse contre nous. Mais que vaut-il en lui-même ?

Si même ceux qui les dénoncent comme l'ennemi s'adressent encore aux bureaux de placement, c'est parce qu'ils sont le prolongement, j'allais dire l'antichambre des ateliers patronaux, et que pour entrer dans ces derniers, c'est-à-dire pour trouver le morceau de pain qui est au bout du travail, il est indispensable de passer par cette porte ; on est obligé de passer par ces bureaux de grand'route, comme on passait autrefois, comme on était obligé de passer par les pays les plus infestés de brigands, dût-on y être rançonné, y laisser sa bourse, voire sa vie, — parce qu'il n'y a pas moyen de faire autrement.

L'argument ne tient donc pas debout.

Si les placeurs, d'ailleurs, ne sont pas complètement désertés, on s'adresse à eux de moins en moins. D'un rapport lu à la Société de statistique par M. Eugène Charbonnel et que j'ai là, il résulte, en effet, que la moyenne des placements à Paris, par vos bureaux autorisés, en 1895, n'a été que de 1,928, alors que la moyenne par les bureaux gratuits municipaux atteignait 2,468. Ce qui suffit à établir que, dans la mesure où il s'appartient encore, chaque fois qu'il lui est loisible d'éviter les fourches caudines du placeur, le sans-travail, homme ou femme, va droit au placement-fonction qui, seul, sauvegarde son intérêt et sa dignité.

Vous pouvez, par suite, déposer toute crainte. Que nous fassions fermer aujourd'hui tous vos bureaux de placement à titre onéreux, et demain, soit par les municipalités, soit par les syndicats, soit par les bourses du travail, vous suffirez au devoir qui incombe à une société civilisée de pourvoir à l'embauchement de ses ouvriers en quête d'emploi.

La deuxième objection est d'un tout autre ordre. On dit : Les bureaux de placement qu'il s'agit de fermer ont été ouverts, autorisés par décret ; ils représentent une propriété, un capital.

Quelque problème que nous abordions dans cette Chambre, chaque fois qu'il est question des travailleurs et de leur sort à rendre moins dur, c'est au capital que nous nous heurtons ; c'est lui qui se met en travers, avec ses prétentions, pour empêcher de passer nos réformes. Il s'appuie sur une longue exploitation, sur la série de ses vols antérieurs, pour affirmer son droit éternel à l'exploitation et au vol. Eh bien ! non ! Pour devenir le droit, il ne suffit pas que la barbe ait blanchi aux exploiteurs et aux voleurs. (*Rires et applaudissements.*)

A vous qui vous prétendez les descendants et les héritiers des bourgeois de 1789 je ne vous demande pas même de vous hausser jusqu'à eux, jusqu'à leur politique de confiscation des biens des prêtres et des nobles ; je ne vous demande pas de refaire en petit ce qu'ils ont fait en grand ; je vous laisse la liberté de reculer jusqu'à l'ancien régime, jusqu'à Turgot. Et je vous rappellerai que pour supprimer les maîtrises, Turgot ne s'est pas laissé arrêter par l'argent qu'elles avaient coûté, par le capital qu'elles représentaient. Comme vos bureaux de placement, cependant, elles constituaient un droit acquis, une propriété créée et développée sous le couvert de la loi. Or, sous la monarchie de droit divin, elles ont pu être abolies purement et simplement sans qu'il ait été une minute question d'une indemnité quelconque à allouer à leurs titulaires.

Ne venez donc pas nous dire qu'à la fin du dix-neuvième siècle, sous la troisième République, cent ans après la grande Révolution, après je ne sais combien de petites, il vous est impossible de prendre au profit des sans-travail modernes une mesure qui était du ressort de Turgot contre une forme vieillie et exploitatrice du travail d'autrefois, ou nous traduirons votre refus par un parti pris, de votre part, de faire banqueroute à la France ouvrière. Libre à vous d'ailleurs ; vous ne ferez ainsi que précipiter notre révolution inévitable. (*Applaudissements à l'extrême-gauche.*)

Séance du 26 février 1897.)

L'INSPECTION DU TRAVAIL

Jules Guesde. — Mon amendement diminutif a le même sens que l'amendement augmentatif de mon ami Vaillant. Il s'agit, après avoir fait constater par la Chambre l'insuffisance du service actuel d'inspection, d'aviser aux moyens de parer à un mal que personne ne peut nier.

J'avais déposé, dès les premiers jours de la législature, un projet de réorganisation de l'inspection du travail sur la base de l'élection ouvrière remplaçant la nomination par le ministre du commerce et de l'industrie. Lors de la discussion — commencée et suspendue l'année dernière — de la loi sur les heures de travail, je suis revenu à la charge avec un amendement conçu dans le même esprit, car l'élection par les intéressés, ouvriers et ouvrières, est le seul moyen, sans avoir même à augmenter les charges que représente pour les contribuables le service actuel de l'inspection, de faire enfin aboutir nos quelques lois protectrices de la femme et de l'enfant, en les transportant du domaine du mensonge, où elles sont aujourd'hui, sur le terrain de la réalité.

C'est encore cette pensée qui m'amène aujourd'hui à la tribune.

Personne ne peut contester que notre législation de fabrique n'est pas, n'a jamais été observée. L'année dernière, je vous ai déjà mis en présence des rapports et des aveux des inspecteurs eux-mêmes ; depuis, j'ai fait ouvrir une enquête par les ouvriers des diverses usines du département et de la circonscription que je représente ici et, à Roubaix notamment, il ne s'est pas rencontré un seul atelier, filature, peignage, tissage, teinturerie-apprêts, dans lequel un ou plusieurs articles des lois de 1848, 1874 et 1892 ne soient quotidiennement violés. Ces rapports écrasants, je les ai ici, et si je n'en donne pas connaissance à la Chambre, c'est que je serais obligé de la retenir jusqu'à demain.

Les témoignages unanimes des ouvriers et ouvrières sont d'ailleurs corroborés par les déclarations de tous ceux qui, à quelque opinion politique qu'ils appartiennent, se préoccupent de protéger efficacement l'être humain qui est dans le travailleur, dans l'homme-machine d'aujourd'hui ; qu'elles viennent de droite ou de gauche, toutes les voix qui s'élèvent condamnent avec la même énergie la façon dont fonctionne la prétendue inspection de l'heure présente.

Voici, par exemple, ce que disait au congrès international de la législation du travail, qui a eu lieu à Bruxelles il y a quelques mois, un professeur de Lille, un professeur catholique, messieurs de la droite...

M. Lemire. — Pourquoi pas ?

Jules Guesde. — J'explique précisément que toutes les opinions sont d'accord pour dénoncer l'inspection telle qu'elle fonctionne ou plutôt telle qu'elle ne fonctionne pas aujourd'hui, et je commence par le témoignage d'un homme qui partage la foi politique et religieuse de nos collègues de ce côté de la Chambre (*la droite*).

M. Van Laer, professeur catholique de Lille, accuse à la fois les pouvoirs publics et l'influence patronale. La version que je cite est prise dans le *Journal de Roubaix*, du 2 octobre 1897, journal que l'on ne saurait suspecter de partialité à l'égard des ouvriers ou des socialistes.

« Ces difficultés, dit M. Van Laer, proviennent surtout de la mauvaise volonté des pouvoirs publics. C'est ainsi que lorsque les inspecteurs constatent que des enfants, employés dans les usines, n'ont pas le livret réglementaire, on leur répond que la mairie ne veut pas en délivrer, sous prétexte qu'elle ne dispose pas de crédits pour l'achat de ces livrets. A Amiens, on n'a rien trouvé de mieux que de dire aux industriels venant faire les déclarations légales qu'ils ont bien tort de prendre cette peine. Les directeurs des colonies scolaires, de leur côté, refusent l'accès de celles-ci aux inspecteurs. C'est donc l'Etat lui-même qui n'observe pas sa propre loi. »

« On se plaint aussi de la façon insuffisante et peu consciencieuse dont les inspecteurs exercent leur mission : ils dînent trop souvent chez les industriels dont ils inspectent les usines. »

Combien de fois avons-nous signalé ce dernier détail, qui en dit long ? Mais il était suspect dans notre bouche ; le voilà qui nous revient maintenant d'une source conservatrice.

Et plus loin :

« La fraude, pour les industriels, est facile ; sur 300,000 établissements que vise la législation du travail, 100,000 seulement ont reçu l'an dernier la visite de l'inspecteur ; encore 75,000 ne l'ont-ils reçue qu'une fois.

« Dans ces conditions, le contrôle est tout à fait inefficace.

M. le Ministre du commerce et de l'industrie. C'est une erreur !

Jules Guesde. — « ... Ajoutez que ces industriels se font avertir téléphoniquement, par les chefs de gare, de l'arrivée des inspecteurs. »

Voilà le témoignage de la droite. Voici maintenant celui de la gauche. Il est signé de notre collègue M. Dron, dans son rapport au conseil général du Nord, en date du 28 avril 1897, il y a quelques mois à peine :

« L'inspecteur ne peut pas interroger les enfants qui n'ont pas l'âge, si, comme cela s'est présenté, on les cache dès qu'il franchit les portes de l'usine. »

On vous a expliqué tout à l'heure comment on pouvait les cacher à temps, grâce aux communications téléphoniques du chef de gare et grâce aussi à cette table du patron partagée la veille par l'inspecteur.

Et M. Dron expliquait que ce qui rendait encore plus difficile la tâche des inspecteurs, là où ils voulaient réellement inspecter, c'était « cet esprit de défiance » dont sont animés vis-à-vis d'eux les ouvriers des usines. Quelle confiance pourraient-ils avoir dans ces fonctionnaires, amis des patrons, convives des patrons, qui font corps, on peut dire, avec la classe patronale ? Les travailleurs n'osent pas, ne peuvent pas dénoncer les violations de la loi dont ils sont victimes. Ils ne le peuvent pas, avec la menace qui plane sur leur tête du renvoi de l'atelier ; l'employeur est là ou son contremaître, devant lequel il faut parler ; et qu'ils se plaignent, qu'ils indiquent, si légèrement que ce soit, les abus qui se commettent, c'est le billet de prévenance pour le lendemain, c'est la mise hors de l'usine.

Je pourrais vous citer des cas, donner des noms d'ouvriers et d'ouvrières victimes, et de patrons victimeurs. Je préfère me borner à un simple fait qui, selon moi, suffit à établir l'absolue nécessité de refondre complètement le service de l'inspection, de le faire reposer sur la classe ouvrière, sur l'élection ouvrière substituée à la nomination ministérielle. Ce fait, qui date d'hier, suffira, je le répète, à faire la lumière dans tous les esprits.

Il y a quelques mois, un grand industriel, le plus grand industriel de Roubaix, a été proposé pour la croix de la Légion d'honneur par M. le ministre du commerce et de l'industrie. Or, ce grand patron, ce principal usinier de Roubaix, avait à son actif, ou à son passif — comme vous voudrez — le 25 novembre 1896, 97 contraventions ; le 8 décembre 1896, 191 contraventions ; le 13 janvier 1897, 79 contraventions, et le 15 du même mois, 254 autres contraventions ; ce qui donne, dans l'espace de moins de trois mois, un total de 621 contraventions !

A l'extrême-gauche. — C'est inouï !

JULES GUESDE. — Et c'est cet insurgé contre les lois protectrices du travail que le ministre chargé de faire respecter ces lois (*Très bien ! très bien ! à l'extrême-gauche*) a été chercher, choisir parmi tous ses confrères en patronat, pour en faire un chevalier de la Légion d'honneur !

Au chiffre des contraventions relevées contre le nouveau décoré, j'ai à ajouter le nombre des accidents survenus dans ses usines. On peut dire qu'il cumule à lui seul les trois dixièmes de tous les accidents de travail qui sévissent sur Roubaix et son industrie.

Du 29 juillet 1893 jusqu'au 12 août 1897, les accidents qu'il a dû déclarer, — vous entendez bien, je ne parle pas de ceux qu'on a pu dissimuler, qui ne sont pas arrivés à la connaissance des autorités municipales, je ne parle que des accidents avoués, — se sont élevés au chiffre de 204, se décomposant comme suit : fractures, plaies et contusions, 154 ; perte d'un membre, 34 : suites funestes probables, 13 ; morts, 3.

C'est ce grand patron, que lui désignaient ses 204 ouvriers de tout âge déchirés, mutilés ou tués, et ses 621 violations de la loi sur le travail, c'est celui-là que le ministre protecteur du travail n'a pas hésité à déclarer digne d'honorer la Légion d'honneur !

Dans de pareilles conditions, comment s'étonner, messieurs, que les lois que vous faites, que nous faisons, restent à l'état de lettre morte ? (*Très bien ! très bien ! à l'extrême-gauche.*)

Comment s'étonner d'autre part que, le Gouvernement instituant lui-même de pareilles primes à la violation de la loi, les inspecteurs qu'il nomme ne rencontrent dans la classe ouvrière que soupçon et méfiance et ne puissent utilement remplir leurs fonctions ?

C'est lui qui est responsable.

Et je dis qu'étant donné un semblable état de choses, il est impossible, si l'on veut que la protection légale du travail devienne une réalité vivante, de la laisser plus longtemps aux mains des inspecteurs d'aujourd'hui, d'origine et de dépendance gouvernementales. C'est le prolétariat lui-même, ce sont les ouvriers et ouvrières d'usines qui doivent être appelés à choisir les hommes qui auront à surveiller les usines et à y faire observer les conditions d'hygiène, de durée de travail, etc., que la loi a édictées pour l'enfant et pour la femme. C'est de ce côté seulement qu'il y a une issue à l'impasse dans laquelle nous piétinons depuis des années. Là est le remède — et il n'est que là.

En votant des augmentations de crédit et la multiplication des inspecteurs ministériels, nous ne ferions que multiplier les dîners pris chez les patrons et qu'augmenter les convives patronaux; nous ne ferions qu'accroître l'ennui des avertissements téléphoniques pour les chefs de gare au service de ces mêmes patrons; nous n'aurions pas fait un pas vers le but que nous voulons, que vous devez tous vouloir atteindre, c'est-à-dire la protection efficace du monde du travail dans les conditions, dans la mesure et sous la forme que permet l'ordre capitaliste. Nous n'aurions rien fait pour cette classe prolétarienne qui est la grande providence sociale, et sur le travail de laquelle vit toute l'humanité.

En vous demandant de substituer l'élection par ouvriers, à la nomination par ministre, nous ne vous demandons d'ailleurs que de faire pour les travailleurs de l'usine ce qu'une autre Chambre a fait pour les travailleurs de la mine. Elle a appelé les ouvriers du dessous au suffrage corporatif et leur a remis en main leur propre sécurité en leur faisant élire directement les délégués mineurs. Ce qui a été possible et a été fait pour les mineurs est possible et doit être fait pour les autres catégories ouvrières. Organisons le suffrage corporatif des tisseurs, des fileurs, des mécaniciens, des ouvriers des sucreries et des raffineries ; remettons-leur le dépôt des quelques lois qui ont été votées en leur faveur ; confions-leur-en la garde ; et soyez tranquilles, sans que vous ayez à élever les crédits ou à imposer de nouvelles charges aux contribuables, elles cesseront pour toujours d'être foulées aux pieds.

Nous aurons une vraie, une sérieuse réforme au lieu d'une réforme menteuse et sur le papier.

Nous sommes loin, du reste, de vouloir que cette élection libératrice soit livrée au hasard. Nous avons eu soin, dans toutes nos propositions, de prévoir et de stipuler les garanties nécessaires au bon fonctionnement de l'inspection nouvelle fondée sur l'élection ouvrière. A la base, oui, le suffrage universel corporatif; mais, en haut, des conditions de capacité permettant seules l'éligibilité. Ce serait une commission supérieure du travail, dans laquelle figureraient un délégué de l'académie de mécine et un délégué du conseil supérieur d'hygiène, en même temps qu'y seraient représentés et les syndicats et les conseils de prud'hommes ; ce serait cette commission, à la compétence et à l'autorité de laquelle tous seraient obligés de rendre hommage, qui déterminerait les conditions de concours et procéderait aux examens. Et ce serait dans les limites de ceux qu'elle aurait déclarés éligibles que fonctionnerait le suffrage corporatif que nous vous demandons d'instituer.

En dehors de cette transformation de l'inspection elle-même, je répète que l'avortement d'hier et d'aujourd'hui sera l'avortement de demain. Les accidents succéderont aux accidents, et les violations de la loi aux violations de la loi. Or, croyez-moi, c'est un spectacle bien dangereux à donner au peuple ouvrier que la loi perpétuellement violée, lorsque et parce qu'elle a été faite pour lui. Les autres lois, celles qui intéressent la classe capitaliste, les possédants, on les fait respecter coûte que coûte ; on a pour cela l'amende et la prison ; et gendarmes et juges ne permettent pas qu'on badine avec elles ; il faut se soumettre, s'incliner, obéir. Le code du travail se borne, lui, en fait, à une invitation aux patrons, qui ne sont obligés d'observer la loi que dans la mesure où ils ne peuvent pas la violer. Or, ils peuvent, avec l'inspection actuelle, la violer jour et nuit ; et c'est pourquoi elle est et elle continuera à être violée jour et nuit.

L'amendement que j'ai déposé n'avait pas d'autre but que de permettre à la Chambre d'affirmer la nécessité d'une réforme de l'inspection dans le sens que je viens d'indiquer.

Il ne s'agissait pas d'une réduction de crédit. Et pour éviter tout malentendu, je déclare retirer ma première proposition et la remplacer par le projet de résolution suivant :

« La Chambre décide : Il y a lieu de réorganiser l'inspection du travail sur la double base de l'élection et du concours. » (*Exclamations au centre. — Applaudissements à l'extrême-gauche.*)

JULES GUESDE. — M. Lemire disait tout à l'heure que, seule, la Chambre était responsable de la violation constante des lois protectrices du travail. Je crois que la responsabilité de la Chambre commencerait aujourd'hui même, et dans des conditions particulièrement graves, si elle refusait de se prononcer sur le projet de résolution que j'ai déposé.

Il s'agit, en effet, de savoir si l'inspection confiée à la nomination et aux créatures du ministre du commerce et de l'industrie ayant volontairement ou involontairement permis et couvert tous les abus que je n'ai pas été le seul à vous signaler, vous entendez maintenir cette inspection telle quelle, ou si, au contraire, comme nous le lui demandons, la Chambre va entrer dans la voie de la refonte complète que je lui indiquais tout à l'heure et décider de substituer à la nomination ministérielle et gouvernementale l'élection directe par les intéressés, c'est-à-dire par la classe ouvrière elle-même.

J'espère, quant à moi, que la Chambre tiendra à dégager sa responsabilité en adoptant le projet de résolution que j'ai été amené, malgré moi, à déposer, parce que je n'avais pas d'autre moyen de mettre la Chambre en mesure de se prononcer.

Au centre. — Vous pouviez interpeller !

JULES GUESDE. — J'ai déposé réglementairement, au début de cette législature, une proposition de loi sur la matière, et ce n'est pas ma faute si elle n'a pu, en quatre années, franchir les différents obstacles et arriver jusqu'au grand jour du débat.

L'année dernière, c'est sous la forme d'un amendement à la loi sur les heures de travail que j'ai repris cette proposition, et ce n'est pas davantage de ma faute si, cette fois encore, par suite du renvoi *sine die* des débats, la Chambre n'a pu statuer.

Les travailleurs, ouvriers et ouvrières, attendent depuis trop longtemps. La Chambre ne se refusera pas, ne peut pas se refuser à faire connaître sa volonté, quelle qu'elle soit, lors même que dans une certaine mesure mon projet de résolution pècherait contre le règlement.

Ceci dit, je réponds immédiatement à M. le ministre du commerce qui a pris texte de ce que l'industriel qu'il a décoré s'était vu dresser 621 contraventions en trois mois, pour essayer de me mettre en contradiction avec moi-même en m'objectant : Vous voyez bien que l'inspection fonctionne.

Certes, oui, elle fonctionne ; les inspecteurs inspectent quelquefois, personne ne le conteste. Il suffit d'ouvrir leurs rapports pour se rendre compte qu'ils remplissent, dans une certaine mesure, la fonction à laquelle ils sont appelés. Ce que j'affirme, c'est qu'ils ne la remplissent pas suffisamment. L'argument de M. le ministre ne porte donc pas. Je l'avais prévu, et j'y avais répondu à l'avance en me mettant sous la double protection d'un professeur catholique de Lille et de notre honorable collègue M. Dron, rapporteur de la loi sur le travail des femmes et des enfants.

Or, que disait M. Dron dans son rapport au conseil général du Nord, que j'invoquais tout à l'heure ? Il s'exprimait comme suit :

« En dehors des relations empreintes de confiance qui devraient exister entre les travailleurs et les agents du service de l'inspection, que reste-t-il à ces derniers comme moyen d'investigation pour découvrir et réprimer les infractions aux lois dont ils doivent assurer l'application ? L'interrogatoire des ouvriers dans les usines qu'ils visitent ? Mais trop souvent ces ouvriers craignent que les patrons ne leur gardent rancune de leurs déclarations, et ils ne font que des réponses évasives ; ils n'osent pas dire ce qu'ils savent, d'où absence de renseignements précis pour l'inspecteur et récriminations au sortir de la fabrique de la part des travailleurs. »

Eh bien ! cette confiance qui pourrait seule

amener ces dépositions intégrales, nécessaires à l'observation de la loi, cette confiance dans les inspecteurs nommés par le ministre du commerce, j'ai demandé et je redemande à la Chambre comment elle pourrait exister de la part des ouvriers lorsqu'ils se trouvent en face d'un spectacle aussi instructif que celui que j'évoquais : d'un côté 621 violations de la loi au compte d'un industriel et 204 accidents, dont quelques-uns suivis de mort, et, de l'autre, la croix de la Légion d'honneur attachée à sa poitrine par M. le ministre du commerce ! (*Applaudissements à l'extrême-gauche.*)

Ce n'est pas en semant de pareilles croix que l'on peut, pour les inspecteurs ministériels, récolter la confiance des travailleurs. Cette confiance que M. Dron déclarait justement nécessaire, indispensable au bon fonctionnement de l'inspection du travail, Monsieur le Ministre, vous l'avez tuée. Et si l'on veut qu'ils puissent être à la hauteur de leur tâche, il faut désormais qu'on arrache les inspecteurs de votre main pour les remettre aux mains des travailleurs eux-mêmes. (*Très bien ! très bien ! sur les mêmes bancs.*)

On parlait tout à l'heure de la responsabilité de la Chambre, et l'on avait raison. C'est bien vous, messieurs, qui êtes responsables de la stérilité des lois ouvrières, vous qui avez, aussi bien en 1892 qu'en 1874, remis ces lois, pour leur exécution, à des hommes dont les intérêts sont en opposition avec les intérêts ouvriers qu'il s'agissait de protéger. Mais quand vous aurez appelé les travailleurs à monter eux-mêmes la garde autour des lois protectrices du travail, vous cesserez d'être en cause.

Ce jour-là, si la loi n'était pas respectée, ouvriers et ouvrières ne pourraient s'en prendre qu'à eux-mêmes. Leur responsabilité commencerait, en même temps que finirait celle du Gouvernement. Et nous n'aurions plus les uns ou les autres à monter plus souvent que nous ne le voudrions à cette tribune pour nous plaindre que tant de protection dans la loi aboutisse dans la pratique à une absence complète de protection.

L'intérêt de la Chambre, celui du Gouvernement, celui du travail concordent et sont unanimes à réclamer que ce soient les travailleurs qui, par voie d'élection, au moyen du suffrage corporatif étendu des ouvriers mineurs aux ouvriers des autres industries, soient mis en mesure de faire respecter eux-mêmes les conditions d'hygiène, de liberté et de vie que leur assurent, si insuffisamment d'ailleurs, les lois votées par vous.

Aussi ne saurais-je trop insister pour que mon projet de résolution trouve grâce devant vous, et j'espère que, malgré son caractère extra-réglementaire, la Chambre, ne voulant voir que le fond et laissant de côté la forme, donnera raison au prolétariat dans la demande, si limitée et si légitime en même temps, qu'il exprime devant elle par ma bouche. (*Applaudissements à l'extrême-gauche.*)

M. le Président. — Je considère le projet de résolution de M. Guesde comme un ordre du jour. Je le soumets au vote de la Chambre.

(L'ordre du jour, mis aux voix, n'est pas adopté.)

(*Séance du 11 novembre 1897.*)

SCIENCE ET CAPITALISME

Jules Guesde. — Messieurs, je n'avais pas l'intention de prendre la parole dans ce débat. Si je la prends, c'est d'abord pour m'excuser des nombreuses interruptions auxquelles j'ai été entraîné ; mais il m'a été impossible — et je n'étais pas le seul — de laisser passer à la tribune de la troisième République la thèse qui y a été portée et qui tendrait à établir — je donne la substance des paroles — que l'enseignement supérieur doit redevenir un privilège. (*Applaudissements à l'extrême-gauche. — Dénégations au centre.*)

On vous a dit, en effet : L'enseignement supérieur doit rester largement ouvert à tous ceux à qui la fortune, la possession du capital constitue, pour ainsi dire, un droit à la science. (*Nouveaux applaudissements sur les mêmes bancs.*)

Mais, a-t-on ajouté, la République a eu le tort de permettre, même partiellement, cet enseignement supérieur à ceux pour qui le désir d'apprendre, le besoin de savoir ne s'appuient pas sur la richesse paternelle.

C'était, sous une autre forme, l'ancien « Silence

aux pauvres ! » qu'on reprenait, en le modifiant à peine. (*Applaudissements à l'extrême-gauche. — Interruptions au centre.*)

Et pour ce, l'on se retranchait derrière l'intérêt de l'Université, derrière ces répétiteurs que vous sacrifiiez, il n'y a pas longtemps, d'un cœur si léger. (*Interruptions au centre.*)

Vous avez osé dire qu'ils entendaient ainsi être débarrassés d'une concurrence commerciale dangereuse. Je vous ai crié alors que vous déshonoriez nos maîtres-répétiteurs. (*Nouveaux applaudissements à l'extrême-gauche.*)

Et je suis sûr de parler en leur nom en vous répétant ici qu'ils n'acceptent pas une pareille défense de leurs intérêts. (*Très bien ! très bien ! à l'extrême-gauche.*) Ce n'est pas ainsi qu'ils entendent être soutenus.

Ce qu'ils réclamaient et ce qu'ils réclament encore, c'est la liberté, c'est cette liberté d'association qu'avec la complicité de M. le ministre de l'instruction publique vous leur avez supprimée. (*Applaudissements sur les mêmes bancs.*) Mais ils ne vous demandent pas, ils n'ont jamais demandé à personne de supprimer la liberté pour les autres, pour leurs frères pauvres, pour les fils d'ouvriers ou de paysans, de boire largement, eux aussi, et à leur tour, à la coupe de l'enseignement supérieur ; non, ils n'ont jamais réclamé une semblable interdiction.

M. Jules Legrand. — Ils sont venus eux-mêmes la solliciter ! (*Interruptions à l'extrême-gauche.*)

Millerand. — Allons donc !

Jules Guesde. — Messieurs, veuillez me laisser poursuivre.

Je disais, lorsque j'ai été interrompu, que les maîtres-répétiteurs n'acceptent pas cette façon de prendre leur défense.

M. Jules Legrand. — Ce sont les maîtres-répétiteurs qui sont venus présenter cette demande dans une commission dont je faisais partie.

Carnaud. — Ce sont des amis du ministre ?

M. Jules Legrand. — Non, ce sont des délégués des répétiteurs.

René Chauvin. — Ils ne se sont pas adressés à vous?

M. Jules Legrand. — Mais si !

M. le Président. — Monsieur Legrand, j'ai tout à l'heure rappelé à l'ordre un collègue qui s'adressait à vous d'une certaine façon. Je vous prie de ne pas interrompre, comme je prie encore ces messieurs de ne pas le faire.

Jules Guesde. — Et ce qu'il y a de singulier, c'est qu'en même temps qu'on prétendait ainsi prendre la défense de l'Université en la mettant à l'abri de toute concurrence, on déclarait très haut et très justement que les bourses de licence ne créent aucun droit à un poste quelconque dans l'Université. Comment expliquer cette contradiction ; comment, puisque ces bourses n'assurent pas à leurs titulaires une place dans le corps enseignant, insister, au nom du corps enseignant, pour leur suppression ou leur réduction? (*Applaudissements à l'extrême-gauche.*)

Aucune thèse ne pouvait sonner plus douloureusement aux oreilles des républicains de cette Chambre, sans distinction (*Nouveaux applaudissements sur les mêmes bancs*), alors qu'elle se trouvait développée au nom de la République.

Jusqu'alors elle ne s'était produite que de ce côté de la Chambre. (*L'orateur désigne la droite de l'Assemblée.*) C'était sur les bancs de la droite que l'on disait : « Pourquoi l'instruction primaire pour les ouvriers qui ne doivent être que des outils ? » (*Applaudissements à l'extrême-gauche.*)

M. Derrien. — Nous n'avons jamais soutenu cette thèse-là !

Jules Guesde. — Pourquoi l'enseignement secondaire pour d'autres hommes, prolétaires eux aussi, que condamne à des besognes inférieures un ordre social que, à droite, on considère comme de volonté providentielle, et que par suite on doit vouloir maintenir, mais qu'ici, au centre et à gauche, on n'a aucune raison d'affirmer définitif ?

Je le répète, cette thèse de l'instruction inutile ou nuisible avait été jusqu'à aujourd'hui le monopole de la réaction.

M. Balsan. — C'est absolument inexact !

M. le Président. — Monsieur Balsan, veuillez ne pas interrompre.

M. Balsan. Nous ne pouvons entendre dire, sans protester, des choses absolument inexactes.

Jules Guesde. — Protestez ; je serai toujours heureux et fier de ne pas être d'accord avec vous. (*Applaudissements à l'extrême-gauche.*)

Après l'intérêt universitaire, on a invoqué, à l'appui de la limitation des bourses de licence, l'intérêt social. La société aurait, paraît-il, à se défendre, comme d'un suprême danger, de la diffusion de la haute culture intellectuelle. Elle aurait à prendre des mesures contre l'invasion de la science. La science, allant de cerveau en cerveau, serait pour elle l'ennemi.

Quelle étrange société, et ne voyez-vous pas que, si telle était la vérité, ce serait la condamnation prononcée par vous-mêmes de l'ordre social actuel ! (*Applaudissements à l'extrême-gauche.*)

Nous disons, nous, qu'il n'y aura jamais trop d'hommes ; or, l'homme, c'est la pensée éveillée, c'est le cerveau en plein fonctionnement ; et ce n'est pas seulement l'enseignement primaire, voire secondaire, c'est l'enseignement supérieur lui-même qui devrait, dans une République digne de ce mot, être largement assuré à tous les enfants de la nation. (*Applaudissements sur les mêmes bancs.*)

C'était le but que l'on se proposait autrefois ; on s'en vantait du moins, et lorsque ont été instituées les bourses qu'il s'agit de réduire aujourd'hui, elles ne représentaient, de votre propre aveu, qu'une façon provisoire, très partielle et très incomplète, de remplir le devoir, d'accomplir l'œuvre essentielle de la République française.

On vous demande aujourd'hui de revenir en arrière, de rétablir sur le terrain de l'instruction publique ces classes que vous niez dans le domaine social. Il y aurait de nouveau une frontière ? Et cette frontière, ce serait une frontière d'argent ? Là où l'argent est, la science serait également ? Ici, pas d'argent, pas de science ! Interdite au plus grand nombre, vous la proclameriez subversive et vous la frapperiez, comme vous avez essayé samedi dernier de frapper notre théorie socialiste. (*Applaudissements à l'extrême-gauche.*)

Nous repoussons, pour notre part, de toutes nos forces, la division que l'on vous pousse à établir, et nous disons que la République se mentirait à elle-même, qu'elle serait indigne de son titre, si jamais elle revenait sur la somme de science ou d'enseignement supérieur qu'elle a déjà réalisée. Ce qu'on veut de vous, c'est que vous fassiez œuvre de réaction dans l'enseignement (*Applaudissements à l'extrême-gauche*), comme on a déjà fait œuvre de réaction dans tant d'autres domaines. Il s'agit de poursuivre et de sceller l'union intervenue entre le banc des ministres et ces messieurs de la droite. (*Applaudissements sur les mêmes bancs. — Exclamations à droite.*)

Pas un des vôtres ne peut prendre la parole sans que cette parole ne soit un aveu et la confirmation du pacte avec la réaction, qui tient plus que jamais. (*Applaudissements à l'extrême-gauche. — Dénégations au centre et à droite.*)

Jaurès, *ironiquement.* — On ne livre que l'enseignement, ce n'est rien.

Jules Guesde. — Comme circonstance atténuante, on objecte que la carrière de l'enseignement est encombrée.

Est-il nécessaire de vous répéter que ces bourses de l'enseignement supérieur, que l'enseignement supérieur lui-même ne sont pas un simple moyen de recrutement pour l'Université ? (*Très bien ! très bien ! à l'extrême-gauche.*)

Vos licenciés, ce ne sont pas des apprentis que vous préparez pour une besogne spéciale; ce sont des cerveaux que vous ouvrez, que vous développez, que vous armez pour une action générale. Ce sont des hommes que vous faites. Et vous viendrez nous dire : Nous avons trop d'hommes ! (*Applaudissements à l'extrême-gauche.*)

On a dit : Nous avons trop de médecins, trop d'avocats, trop de chimistes, trop de savants ! La société capitaliste ne peut pas supporter une pareille somme de savoir !

Tant pis pour votre société capitaliste ! C'est à la science que restera le dernier mot. Non, messieurs, il ne se trouvera pas une majorité pour mutiler, pour amputer intellectuellement notre pays. Un pareil crime ne se commettra pas.

On a ajouté : L'encombrement sévit comme un fléau dans les carrières plus particulièrement intellectuelles, mais il y a des carrières inférieures, — le mot n'a pas été prononcé, mais telle était bien la pensée, — où il y a place pour des outils, pour des hommes qui soient des outils ; on en a besoin dans l'industrie, dans le commerce ; faisons de ces hommes-là.

M. Henri Laniel. — On a besoin de cerveaux aussi dans l'industrie.

Jules Guesde. — Et je vous réponds : Dans le domaine industriel comme dans le domaine commercial et dans le domaine agricole, est-ce que vous n'êtes pas également encombrés ? (*Très bien ! très bien ! à l'extrême-gauche.*) Est-ce que cette pléthore de cerveaux que vous signalez, vous ne la retrouvez pas dans toutes les branches de l'activité humaine ? Est-ce qu'elle ne se double pas, partout, de la pléthore des bras ? Ne se traduit-elle pas par les chômages, de plus en plus meurtriers, qui vont s'étendant, se généralisant ? (*Très bien ! très bien ! sur les mêmes bancs.*) Pourriez-vous oublier ces petits industriels qui surabondent et tombent tous les jours dans le prolétariat, et ces petits commerçants, dont M. Méline nous dénonçait, il n'y a que quelques heures, le trop grand nombre et que voue à la mort la concurrence nécessairement victorieuse des grands magasins ou des coopératives patronales en voie de formation ?

Le champ industriel et commercial est lui aussi encombré. Il y a surproduction partout, et de tout, et c'est ce qui condamne l'ordre bourgeois. (*Applaudissements à l'extrême-gauche.*)

Ce n'est pas seulement la surproduction des produits à laquelle vous ne pouvez pas faire face ; c'est encore et surtout la surproduction des producteurs, à la fois intellectuels et manuels. Votre société souffre, meurt de trop de richesses et de trop de producteurs de richesses. C'est vous qui le confessez. Et après en avoir fait une pareille peinture, une pareille photographie, vous déclarez que c'est la dernière société, la société idéale, qu'au delà il n'y en a pas d'autres. Vous en êtes réduits, comme dernier mot de la civilisation, à faire des barbares (*Vifs applaudissements à l'extrême-gauche*), à vider les cerveaux, à fermer les laboratoires, à supprimer toutes les officines où l'homme, par la science, se fait réellement homme, où, comme je l'ai dit un jour ici, il devient dieu en devenant créateur. (*Très bien ! très bien ! sur les mêmes bancs.*)

Ces fabriques d'hommes-dieux vous épouvantent ; vous les proclamez incompatibles avec l'ordre dans votre société ; vous vous écriez, en levant les bras au ciel : « Que voulez-vous que je fasse de tant de savants ? je ne peux pas les employer, je ne peux pas les consommer. Ce seront autant de déclassés qui vont se retourner contre moi. »

Un pareil langage ne saurait nous déplaire (*Vifs applaudissements à l'extrême-gauche*) ; répétez-le, votez-en même une fois l'affichage, pour que sur tous les murs de France on puisse lire enfin, avoué par vous, qu'après la Révolution de

1789, en plein régime de vapeur et d'électricité, sous la troisième République, une société s'est trouvée pour dire : Je ne peux pas subir tant de science, il y en a trop, délivrez-m'en (*Nouveaux applaudissements à l'extrême-gauche*) ou je meurs! J'espère pour vous, messieurs, que vous ne commettrez pas l'acte qu'on vous demande ; vous ne pratiquerez pas sur la patrie et la République une pareille amputation. Vous ne voudrez pas nous diminuer de la tête. (*Vifs applaudissements à l'extrême-gauche.*)

(*Séance du 22 novembre 1897.*)

APPENDICE

PROPOSITION DE LOI *tendant à modifier le* **personnel de l'Inspection du travail** *dans les usines, manufactures, chantiers, et son* **mode de recrutement,** *présentée le 27 janvier 1894.*

EXPOSÉ DES MOTIFS

MESSIEURS,

Aucune des lois votées depuis plus d'un demi-siècle en vue de réglementer le travail ou de protéger les travailleurs de l'un ou de l'autre sexe n'a jusqu'alors été observée. La longue série des rapports insérés au *Journal officiel* suffirait à en faire foi. Lettre morte est restée la loi de 1848 réduisant à douze heures la journée de travail pour les adultes, comme le décret-loi de la même année interdisant le marchandage, comme les lois de 1874 et de 1892 limitant le travail des enfants, des filles mineures et des femmes, supprimant le travail de nuit, etc.

Un pareil état de choses, — qui, s'il devait se prolonger, rendrait inutile toute réforme ultérieure, destinée à échouer sur le même écueil, — tient à diverses causes : à des pénalités ridiculement anodines, édictées pour la forme, à la juridiction dont relèvent les délinquants, mais surtout à la façon difficile à qualifier, sinon à comprendre, dont a été organisée l'inspection, — des lois comme celles dont il s'agit ne valant que par les fonctionnaires appelés à en assurer l'exécution.

Des inspecteurs, en effet, existent. Ils inspectent même de temps à autre, mais dans des conditions telles que l'on pourrait économiser aux contribuables les centaines de mille francs dont le budget est grevé de ce chef chaque année sans qu'il y eût rien de changé à l'*illimitation* de l'exploitation ouvrière. Au mieux avec ceux qu'ils sont rétribués pour surveiller et chez lesquels ils ont souvent leur couvert mis, ils n'ont garde de surprendre les patrons ou employeurs, qui sont toujours avisés, non seulement du jour, mais de l'heure où ils auront à se mettre provisoirement en règle pour échapper aux plus dérisoires des contraventions.

Pour en finir avec ce scandale, ce n'est pas seulement le personnel qu'il est indispensable de changer, c'est encore et surtout son mode de nomination.

Jusqu'à présent les personnes chargées d'assurer à la classe ouvrière le bénéfice d'une intervention sociale, trop restreinte, hélas ! ont été recrutées dans la classe et par la classe qui repousse cette intervention comme attentatoire à la fois à sa liberté et à ses intérêts, et n'est disposée à s'y soumettre que dans la mesure où elle ne peut faire autrement.

C'est ainsi qu'en dehors des « ingénieurs de l'Etat, des ingénieurs civils et des élèves diplômés de l'Ecole des Arts et Manufactures et de l'Ecole des Mines », — lesquels ont toujours fait corps avec la classe patronale, — Assemblée nationale de 1874 n'avait admis à l'inspection que d'anciens patrons, textuellement « ceux qui justifieraient avoir dirigé ou surveillé pendant cinq années un établissement industriel occupant cent ouvriers au moins ». C'est ainsi qu'aujourd'hui encore les préposés à la surveillance des capitalistes du fer, du coton, du sucre, etc., sont choisis, nommés par le Ministre du Commerce, c'est-à-dire par le Gouvernement ou l'Etat aux mains de ces mêmes capitalistes. Autant confier l'exécution de la loi contre l'ivresse publique à des récidivistes de l'ivrognerie.

On aurait voulu avoir l'air de refréner la consommation de la chair à travail, tout en la laissant aussi libre et aussi impunie que devant, qu'on n'aurait pas pu procéder différemment.

Le seul moyen de faire pénétrer dans l'atelier, dans tous les ateliers, dont elle n'a pu encore franchir le seuil, la tutelle inscrite dans la loi, c'est d'en attribuer l'exercice à la classe même au profit de laquelle cette tutelle a été imaginée, à ceux qui sont intéressés à ce qu'elle devienne une vérité : nous avons nommé les travailleurs.

Qu'au lieu de parents et amis, de créatures, en tout cas, des possédants et des dirigeants, ce soit le prolétariat industriel qui ait la garde de notre législation sur les fabriques ; qu'au lieu du Ministre du Commerce, ce soient les travailleurs par région qui soient appelés à élire les inspecteurs ; et, sans qu'il soit besoin d'augmenter le nombre de ces derniers, dans la limite du crédit actuel, on peut être certain que les lois en souffrance auront été violées pour la dernière fois.

Ce que nous vous proposons ne constitue pas à proprement parler une innovation. L'initiative en a été prise, — en partie du moins, pour toute une branche de travail, — dans la dernière législature, lorsqu'ont été créés les délégués à la sécurité des ouvriers mineurs. Telle qu'elle fonctionne, cette institution laisse sans doute beaucoup à désirer, mais l'idée qui l'a inspirée, — la nécessité de remettre le soin de leur sûreté à ceux dont la sûreté est tous les jours menacée, — est aussi juste que féconde. De même que la base sur laquelle elle repose : le suffrage corporatif.

Il ne s'agit que de développer, de compléter cette première et partielle réforme, en étendant aux ouvriers et ouvrières des divers métiers ce qui a été et demeure accompli pour les *ouvriers du fond*, et en appelant, par voie de scrutin, au moyen d'inspecteurs de leur choix, les prolétaires des deux sexes à veiller eux-mêmes à ce que le peu de liberté, d'hygiène, de garanties qu'ils tiennent de la loi ne soit pas annulé dans la pratique, ne reçoive aucun dommage.

Ce n'est même pas le suffrage corporatif pur et simple que nous vous demandons pour l'instant d'universaliser. Allant au-devant de certaines objections qui pourraient compliquer la question et en retarder la solution, notre proposition de loi distingue entre l'électorat, — qu'elle attribue à tous les travailleurs de l'un et de l'autre sexe, — et l'éligibilité — qu'elle réserve à ceux-là seuls qui auront subi avec succès un examen préalable et dont les aptitudes auront été contrôlées et reconnues.

C'est presque le suffrage à deux degrés, une première élection, — celle des éligibles, — étant remise à une Commission supérieure, dont la compétence ne saurait être contestée par personne, puisqu'à côté des représentants des Conseils de prud'hommes et des syndicats figureraient des délégués de l'Académie de médecine, de l'Académie des sciences et du Conseil supérieur d'hygiène, — la science et le travail réunis.

Dans ces conditions, étant donné qu'en dehors d'un *changement de classe* dans le service de l'inspection, toute législation du travail est condamnée à rester un trompe-l'œil ; étant donné, d'autre part, que l'expérience de cette solution a été faite et avec succès en matière de mines, c'est avec confiance que nous vous soumettons la proposition de loi qui suit :

PROPOSITION DE LOI

Article premier.

Des inspecteurs du travail sont chargés d'assurer l'exécution des lois faites ou à faire sur la réglementation et la sécurité du travail, l'hygiène des ateliers, etc.

Ils sont chargés en outre, concurremment avec les commissaires de police, de l'exécution de la loi du 7 décembre 1874 relative à la protection des enfants employés dans les professions ambulantes.

Toutefois, en ce qui concerne les exploitations de mines, minières et carrières, l'exécution de ces lois est exclusivement confiée aux délégués à la sécurité des ouvriers mineurs, dont le traitement, devenu fixe et mensuel, ne saurait être inférieur au salaire maximum de la région.

Art. 2.

Les inspecteurs du travail sont élus, — à raison d'un pour chacune des circonscriptions à faire déterminer par une loi spéciale, — par les ouvriers et ouvrières des usines, manufactures, chantiers que visent les lois ci-dessus désignées.

Pour être électeur, il suffit d'être Français et âgé d'au moins vingt et un ans.

Le vote a lieu dans les conditions déterminées par la loi du 2 juillet 1890 sur l'élection des délégués à la sécurité des ouvriers mineurs.

Les inspecteurs sont élus pour trois ans et rééligibles.

Ils reçoivent, en outre de leurs frais de déplacement, un traitement fixe et mensuel qui ne saurait être inférieur au salaire maximum de la région.

Art. 3.

Ils sont assistés, dans toutes les villes industrielles où existent des Conseils de prud'hommes, par des commissions locales composées, selon l'importance de la population ouvrière, de trois à sept conseillers prud'hommes ouvriers désignés annuellement par leurs collègues et rétribués par la commune au taux maximum des salaires locaux, déduction faite de l'indemnité qui leur est allouée du fait de la prud'hommie.

Ces commissions visitent les établissements industriels, ateliers et chantiers ; elles peuvent se faire accompagner d'un médecin quand elles le jugent convenable ; elles doivent agir toutefois sous la direction de l'inspecteur.

Les inspecteurs du travail et les membres des commissions locales prêtent serment de ne point révéler les secrets de fabrication et en général des procédés d'exploitation dont ils pourraient prendre connaissance dans l'exercice de leurs fonctions.

Toute violation de ce serment est punie conformément à l'article 278 du Code pénal.

Art. 4.

Ne seront éligibles aux fonctions d'inspecteur que les candidats ayant satisfait aux conditions et au concours visés par l'article 5.

Art. 5.

Une Commission supérieure, composée de neuf membres, est établie auprès du Ministre du Commerce et de l'Industrie. Cette Commission, renouvelable tous les quatre ans et dont les fonctions sont rétribuées par l'Etat, comprend un membre élu de l'Académie de Médecine, un membre élu de l'Académie des Sciences, un délégué du Conseil supérieur d'hygiène, deux conseillers prud'hommes ouvriers parisiens désignés par l'ensemble de leurs collègues, et quatre membres nommés par les syndicats ouvriers du département de la Seine Elle est chargée :

1° De veiller à l'application uniforme et vigilante de toutes les lois concernant le travail ;

2° De donner son avis sur les règlements à faire et généralement sur les diverses questions intéressant les travailleurs protégés ou à protéger ;

3° D'arrêter les conditions d'admissibilité des candidats à l'inspection et le programme du concours qu'ils devront subir.

Art. 6.

Toutes les dispositions contraires à la présente loi sont et demeurent abrogées.

PROPOSITION DE LOI *tendant à* **organiser** *le* **droit de grève**, *présentée le 8 février 1894.*

EXPOSÉ DES MOTIFS

MESSIEURS,

La loi a reconnu, a dû reconnaître le droit de grève que ceux-là mêmes sont obligés d'admettre en théorie, qui s'efforcent de l'annuler dans la pratique.

Mais elle ne l'a pas *organisé*. Et c'est à sa non-organisation, à l'état d'anarchie dans lequel il a été systématiquement laissé, que doivent être attribués tous les désordres, toutes les violences auxquels, du dedans et du dehors, il donne lieu ou sert de prétexte.

Qui dit *grève* dit *action* ou *inaction collective*. On ne fait pas grève individuellement. Un travailleur qui se refuse au travail n'est pas un gréviste.

La grève, c'est le refus collectif du travail, qu'il résulte des réclamations des salariés non satisfaites par les salariants ou des exigences des salariants non acceptées par les salariés. Elle est *de droit collectif*. Et c'est parce que ce *droit collectif* a été abandonné à *l'usage individuel* qu'il a entraîné les conséquences pathologiques que tout le monde connaît.

Pour lui restituer son caractère organique ou normal, il faut qu'il ne puisse plus être exercé que collectivement, qu'il devienne *d'usage exclusivement collectif*.

Or les collectivités, toutes les collectivités sont soumises à une règle supérieure, en dehors de laquelle, incapables de sauvegarder les droits et les intérêts de leurs membres, elles disparaîtraient elles-mêmes : c'est, comme expression de la volonté générale, la majorité faisant loi. Cette loi des majorités régit et domine la collectivité sociale dont elle est — on peut le dire, — sous la République, l'unique loi, mère de toutes les autres.

C'est la majorité de la nation, plus ou moins exactement dégagée par le suffrage universel, qui, devenue la souveraineté nationale, décide et de la forme, et du personnel, et de la politique gouvernementale, déterminant le mode et la quotité de l'impôt, de tous les impôts, d'argent et de sang. C'est elle qui dispose des choses et des hommes, de nos libertés et de nos vies. Et ce n'est que sur cette *volonté du plus, obligatoire pour le moins*, qu'est fondé ce qu'on appelle *l'ordre* à la fin du XIXe siècle.

Il n'en est pas différemment pour les collectivités ou sociétés financières, industrielles, commerciales. La majorité des actionnaires ou des actions ici, la majorité des administrateurs là, fait loi, la loi devant laquelle tous doivent s'incliner et contre laquelle il n'y a pas de recours.

Lorsque, par exemple, saisis d'une série de revendications par leurs ouvriers, par *les travailleurs du dessous*, les membres de la Régie d'Anzin ont, après délibération ou sans, décidé, à la majorité des voix, soit de faire droit à ces revendications, soit de les repousser, le *oui* ou le *non* s'impose à la minorité, qui ne se réclame pas de la liberté individuelle pour passer outre et qui, si elle s'avisait de pousser jusque-là les Droits de l'Homme et de l'anarchie, ne tarderait pas à se voir rappeler à l'ordre — et à son devoir de soumission — par les tribunaux issus, *via* Consulat et Empire, de la Révolution française.

Ce qui est bon, ce qui est nécessaire pour les employeurs, n'est ni moins bon, ni moins nécessaire pour les employés. Il ne saurait y avoir deux lois, surtout dans une société qui nie les classes : une pour la classe possédante, une autre pour la classe dépossédée; l'une, lorsqu'il s'agit de profits à gérer et à défendre, l'autre, lorsqu'il s'agit de salaires.

Le suffrage qui, substitué aux violences individuelles, a été introduit comme l'élément par excellence de l'ordre et de la paix dans la Société avec majuscule, que ne veut pas connaître l'anarchisme de M. Yves-Guyot, et dans toutes les autres associations à base et à fins capitalistes qui vivent sous le couvert de celle-ci, doit être étendu aux associations ouvrières et régler leur action collective. Il doit être notamment appliqué à l'exercice du droit de grève.

A cet effet, nous proposons que, lorsque éclate un différend entre les ouvriers ou ouvrières d'une usine, d'une concession minière, d'un chantier, et leurs employeurs, une réunion générale ait lieu de ces *associés de fait* dans le travail et dans la misère, — travail commun, misère commune, ne permettant qu'une commune défense; que le cas leur soit soumis, et qu'après délibération, si la grève est déclarée, votée à bulletins secrets, elle devienne, de par la loi des majorités, obligatoire pour tous.

Et immédiatement, parce que le travail aura été admis au bénéfice de ce droit des majorités monopolisé aujourd'hui par le capital, sans qu'il soit besoin de le rétablir à coups de gendarmes, de soldats, de juges — et quelquefois de cadavres — voici l'ordre matériel plus que garanti, créé *a priori* et définitivement.

Convaincus de leur solidarité indispensable et de l'impuissance des poings et des triques, les intéressés, quelles que puissent être leurs divergences de vues, ne penseront plus — parce qu'il n'y a pas d'autre solution — qu'à se convertir mutuellement. Ce sera la volonté, régulière et pacifique, du nombre remplaçant l'usage ou l'abus anarchique de la force individuelle; ce sera *l'état social* succédant à *l'état de nature.*

D'autre part, aucun motif, aucun prétexte à l'entrée en ligne de la force publique, respectueuse de la libre décision intervenue, qu'elle ne pourrait qu'être appelée à sanctionner au cas, — qui ne se produira pas, on peut en être certain, — où les patrons, réduits à eux-mêmes, s'aviseraient de faire du désordre avec cet ordre ouvrier.

Plus de Ricamarie ! Plus d'Aubin ! Plus de Fourmies ! Dissipé le cauchemar du sang français versé par des mains françaises, qui pèse aujourd'hui sur notre armée, devenue enfin nationale, c'est-à-dire consacrée exclusivement à la défense de la nation !

La marche ou la continuation de la grève, du conflit désormais pacifique, sera réglée, comme sa fin, de la même façon, par le même procédé organique : la volonté de la majorité demandée au scrutin et sauvegardant toujours l'intérêt général, puisque ce sont les intéressés qui auront la parole, qui feront eux-mêmes leurs destinées.

Cela dit, c'est avec confiance qu'au nom du Conseil national du parti ouvrier français nous soumettons à la Chambre la proposition de loi suivante qui, dans un état de choses basé sur l'antagonisme des intérêts, est de nature à réaliser le maximum d'ordre social.

PROPOSITION DE LOI.

Article premier.

Les travailleurs des deux sexes sont considérés comme constituant, du fait seul de leur emploi, des sociétés ouvrières par atelier, usine ou concession minière.

Art. 2.

Ces sociétés ouvrières sont assimilées, pour la gestion des intérêts de leurs membres, aux sociétés capitalistes par actions.

Les décisions prises en assemblée générale, sur convocation personnelle de tous les sociétaires, sont valables et exécutoires pour tous.

Art. 3.

En cas de contestation ou de différend entre les ouvriers ou ouvrières et leurs employeurs, la question sera portée devant l'assemblée générale, qui en délibérera et se prononcera par un vote, à bulletins secrets, sous enveloppe fermée.

Art. 4.

Si, à la majorité des voix, l'assemblé décide d'user du droit de grève, la cessation du travail sera générale et obligatoire, jusqu'à ce qu'une autre assemblée, réunie à la demande d'un quart des ouvriers ou ouvrières en cause, en ait, également à la majorité, décidé autrement.

Art. 5.

La Commission exécutive nommée en assemblée générale et faisant fonction de Conseil d'administration pourra toujours, lorsqu'elle le jugera convenable, prendre l'initiative d'une nouvelle réunion plénière.

Art. 6.

Au cas où des propositions viendraient à être faites par les employeurs, ou si, usant du droit qui lui est conféré par la loi, le juge de paix intervenait pour proposer l'arbitrage, la Commission exécutive devra, dans un délai de trois jours au plus, réunir l'assemblée générale et lui soumettre la situation nouvelle.

Art. 7.

Tout employeur qui, par manœuvres, promesses ou menaces, aura tenté de détourner de ses devoirs un ou plusieurs des ouvriers ou ouvrières liés par la décision de l'assemblée générale, sera passible d'une amende de 50 à 500 francs et d'un emprisonnement de cinq jours à un mois.

En cas de récidive, l'amende pourra être portée à 5.000 francs et l'emprisonnement à un an.

PROPOSITION DE LOI *tendant à mettre à la charge de l'exploitant les* **caisses de secours et de retraites des ouvriers mineurs,** *présentée le 12 juin 1894.*

EXPOSÉ DES MOTIFS

Messieurs,

En votant, le 9 juin dernier, tel qu'il nous revenait du Sénat, le projet qui, au bout de quatorze ans, organise enfin les caisses de retraites et de secours des ouvriers mineurs, nous avons tenu surtout à substituer, en cette matière, au bon plaisir des compagnies le régime et les garanties de la loi.

Le projet, d'autre part, restituait aux ouvriers la gestion, au moins partielle, de leurs caisses de secours ; il mettait leur droit à la retraite à l'abri des déplacements et des renvois ; il leur créait ainsi une certaine liberté d'action qu'il eût été imprudent de laisser remettre en discussion et qu'il y avait intérêt à rendre immédiatement définitive.

Mais si, pour les motifs ci-dessus, les socialistes ont voté la loi aujourd'hui en vigueur, ils n'ont jamais entendu accepter les bases mêmes de l'organisation formulée, sur lesquelles nous avons, au contraire, fait et dû faire toutes réserves.

On ne saurait admettre, en effet, que ce soit à des retenues sur le salaire que soient demandés les moyens de parer aux maladies et à la vieillesse ouvrières. Le salaire suffit à peine aux besoins de chaque jour du salarié, et contraindre ce dernier, pour ne pas manquer de tout à un âge qu'il n'est rien moins que certain d'atteindre, à se priver, sa vie active durant, et à priver les siens, du strict nécessaire, ce n'est pas améliorer sa condition, mais l'aggraver.

C'est à l'employeur, à celui qui profite du travail, qu'incombe l'obligation de prévoir les mauvais et les vieux jours du travailleur et d'y pourvoir. De pareilles dépenses rentrent sans conteste, comme la réparation et le renouvellement de l'outillage, dans les frais généraux de l'entreprise.

C'est à la charge exclusive de l'exploitant que doivent être mis les ouvriers tombés malades ou usés à son service.

Nous ajouterons qu'il ne s'agit pas là d'une innovation. Dès l'année 1604, un édit d'Henri IV, en date du 14 mai, portait ce qui suit : « Sa Majesté veut et ordonne qu'en chaque mine qui sera ouverte en ce royaume, *de quelque qualité et nature qu'elle soit,* un *trentième* soit pris sur la masse entière de tout ce qui en proviendra pour l'entretenement d'un chirurgien et l'achat de médicaments, afin que les pauvres blessés soient secourus gratuitement. »

En demandant à la société issue de la Révolution française de revenir à cette gratuité, c'est-à-dire de ne pas se montrer moins humaine que l'ancien régime, nous ne saurions, on l'avouera, être taxés d'exagération.

Mais nous demandons encore autre chose. Nous voudrions que l'*illusion* de retraite et de secours, organisée par la loi d'hier, fît place à une belle et bonne réalité. Ce n'est pas avec les 226, voire 260 francs, auxquels ressortirait, dans les présentes conditions, la moyenne annuelle des pensions, qu'il est possible de vivre. A peine suffiraient-ils pour ne pas mourir. Les mineurs ont été unanimes dans tous leurs congrès à réclamer 2 francs par jour après vingt-cinq années de travail, sans condition d'âge. Et nous estimons que ce minimum de retraite s'impose.

Ce n'est pas davantage avec des versements correspondant à 3 0/0 des salaires ouvriers que les mineurs et leurs familles peuvent être efficacement secourus, même lorsque les accidents auront fait l'objet d'une responsabilité et d'un budget à part.

Aussi proposons-nous, en même temps que la suppression de toute retenue sur le salaire, de porter à 6 0/0 pour les caisses de retraite et à 4 0/0 pour les caisses de secours la contribution obligatoire des compagnies.

Ces 10 0/0 au total ne représentent que neuf ou dix millions par année, — c'est-à-dire, moins du *trentième du produit brut* édicté par Henri IV, puisque la valeur des combustibles minéraux sur les lieux d'extraction dépasse annuellement 310 millions (1).

PROPOSITION DE LOI

Article premier.

Toute retenue sur les salaires, en vue des caisses de secours ou de retraites, est interdite.

Art. 2.

L'exploitant versera chaque mois, soit à la Caisse nationale des retraites pour la vieillesse, soit dans une des Caisses prévues à l'article 4 de la loi du 9 juin 1894, pour la formation du capital constitutif des pensions de retraite, une somme égale à 6 0/0 du salaire des ouvriers ou employés.

Art. 3.

La caisse de chaque société de secours est alimentée par :

1° Un versement de l'exploitant qui ne saurait être inférieur à 4 0/0 du salaire des ouvriers ou employés ;

2° Les sommes allouées par l'État sur les fonds de subvention aux sociétés de secours mutuels ;

3° Les dons et legs ;

4° Le produit des amendes encourues pour infraction aux statuts et de celles infligées aux membres participants par application du règlement intérieur de l'entreprise, jusqu'à ce que ces amendes patronales aient été interdites par la loi.

(1) 311.412.505 francs pour 1890, d'après la statistique du Ministère des Travaux publics.

Art. 4.

Sont et demeurent abrogées toutes les dispositions contraires à la présente loi.

PROPOSITION DE LOI *tendant à assurer l'***universalité du suffrage dit universel**, *présentée le 30 janvier 1894.*

MESSIEURS,

Le suffrage universel — même limité à la partie masculine de la nation — n'est que nominalement universel. La loi électorale, qui le mutile sous prétexte de l'organiser, date de l'Assemblée « élue dans un jour de malheur », qui ne cachait pas ses préventions contre « le nombre » — autre nom de « la vile multitude » — et a cherché dans des conditions de domicile « la mise hors du souverain » du plus grand nombre de prolétaires possible.

Ne pouvant pas rétablir le sens, ayant dû renoncer à faire des droits civiques un attribut ou un privilège de la propriété, cette Assemblée avait d'abord songé à exiger pour l'électorat politique trois années de résidence. Devant la véritable insurrection de l'opinion publique que souleva cette proposition d'un sieur Aubry (des Vosges), elle dut finalement reculer et se contenter de six mois.

Mais ces six mois, qui peuvent en représenter jusqu'à quinze et seize avec les listes électorales arrêtées chaque année le 31 mars, ne sauraient se justifier par aucune raison qui tienne debout, — si ce n'est le parti pris de se débarrasser des votes, hier républicains, aujourd'hui socialistes, du prolétariat des villes.

Si, en effet, il a été possible, sans une trop grande entorse au bon sens, de conditionner l'électorat communal, de réclamer des électeurs municipaux un certain *stage domicilial*, il n'en est pas de même, tout le monde le comprend, pour l'électorat politique.

Qu'on me refuse le droit d'intervenir dans l'administration d'une localité, ville ou village, à laquelle je n'appartiens pas, que je ne fais que traverser, que je n'habite que d'hier et que je n'habiterai plus demain : cela s'explique et se motive dans une certaine mesure. Pourquoi déciderai-je et comment d'intérêts qui ne sont pas les miens et que j'ignore ?

Mais m'exproprier de ma participation légale et par voie de mandataire au gouvernement de mon pays parce que mes occupations m'auront obligé de me transporter d'un point sur un autre de ce même pays : voilà qui recule les bornes de l'absurde et de l'inique.

Est-ce que les affaires de la France cessent d'être les miennes, ses intérêts les miens, parce que je serai passé de Roubaix à Lille, du Nord dans le Pas-de-Calais, la Somme ou tout autre de nos quatre-vingt-six départements ? Est-ce que je cesse d'être contribuable ?

Est-ce qu'au contraire, quelque part que j'aille, je n'aurai pas l'impôt, — les mêmes impôts directs et indirects à acquitter ; la loi, — les mêmes lois à subir ; le territoire, — le même territoire à défendre au jour du danger ?

Or, mes charges restant les mêmes et me suivant dans mes pérégrinations, comment mes droits, c'est-à-dire les avantages qui font équilibre à ces charges, pourraient-ils être, je ne dis pas supprimés, mais restreints ?

En plein Empire autoritaire, lorsque nos concitoyens des Colonies n'étaient pas représentés au Corps législatif, il se trouva un député pour protester contre l'inégalité ainsi créée entre les membres d'une même nation et pour demander ironiquement comment la qualité de Français, de citoyen, pouvait se perdre en traversant quelques lieues de mer. Les Français d'outre-Méditerranée et d'outre-Océan, cependant, s'ils ne jouissaient pas de l'intégralité des droits des Français de la mère patrie, étaient exemptés d'une partie des charges que supportait la France continentale. Ils ignoraient, par exemple, l'impôt du sang, la conscription.

Et aujourd'hui, sous un régime qui s'intitule républicain, on accepte que cette qualité de Français, de citoyen, se perde, en France même, dans le passage d'un département à un autre département, d'une commune à une autre commune, et ce sans compensation d'aucune sorte !

Un pareil état de choses, qui rappelle la loi du 31 Mai, ne saurait se prolonger, surtout si l'on réfléchit que ces déplacements croissants qui écartent des urnes, qui mettent « hors de la loi des lois » des travailleurs par centaines de mille, sont déterminés, nécessités par les transformations et les migrations de la plus mouvante des industries. Les *nomades* du travail — que le plus dur des pains quotidiens fuit de plus en plus et entraîne à sa poursuite — ne sauraient continuer à être traités en étrangers. Ils ne sauraient être maintenus à l'état de parias dans une patrie qui est doublement la leur, puisque ce sont eux, dans ces allées et venues auxquelles est suspendue leur mort politique, qui font sa richesse et sa gloire.

Pas de droits sans devoirs, pas de devoirs sans droits : cette devise de l'Association internationale des travailleurs est à la fois de justice et d'ordre social.

Aussi, soumettons-nous avec confiance à la Chambre la proposition de loi suivante qui supprime, en matière d'élections législatives, toute condition de résidence et réunit ce qui n'aurait jamais dû être séparé : la jouissance et l'*exercice* du droit électoral.

PROPOSITION DE LOI

Article premier.

A tout citoyen ayant accompli sa vingt et unième année et ne se trouvant dans aucun des cas d'incapacité prévus par la loi, il est délivré un *livret civique* portant ses nom, prénoms, lieu et date de naissance, qualité, etc.

Art. 2.

Ce livret présenté à la mairie dans les huit jours qui suivront l'ouverture de la période électorale législative, donnera à son titulaire le droit d'être inscrit sur les listes électorales de la commune où l'a appelé son travail et de prendre part au scrutin.

Art. 3.

Il sera retiré, à titre définitif ou provisoire, à la suite de condamnations entraînant soit la perte, soit la suspension des droits civils et politiques.

Art. 4.

Sont abrogées toutes dispositions contraires à la présente loi.

PROPOSITION DE LOI *tendant à restituer au* **suffrage universel** *le choix de ses* **mandataires**, *présentée le 30 janvier 1894.*

EXPOSÉ DES MOTIFS

MESSIEURS,

La loi relative aux candidatures multiples est une loi de circonstance, pour ne pas dire d'exception. Faite sur commande et mesure, contre un homme, elle a survécu à son objet sans que l'on puisse invoquer à l'appui de son maintien aucun argument d'expérience.

Elle n'a son correspondant dans la législation électorale d'aucun pays, si arriéré puisse-t-il être. Et depuis qu'elle fonctionne en France, il n'est pas un parti qui — au grand dommage général — n'en ait été plus ou moins victime.

Mais, en fût-il autrement, que cette loi, fille des plus détestables sentiments, la peur et la colère, n'en devrait pas moins être abrogée — et sur l'heure — parce qu'elle constitue un *attentat permanent contre la souveraineté nationale, dépossédée de son unique moyen de s'exercer en régime représentatif : le choix de ses représentants.*

La nation n'est plus souveraine, elle cesse de disposer d'elle-même, du moment que son suffrage, prisonnier, n'est admis à se porter que sur tels candidats à qui il a plu convenir de se mettre sur les rangs.

C'est le régime cellulaire appliqué à l'élection ; c'est pis, c'est le renversement de ce qui, partout et jusqu'à présent, était l'essence même, la raison d'être de l'élection. Ce ne sont plus, en effet, les divers collèges électoraux qui sont appelés à élire, c'est-à-dire à choisir leur mandataire. Ce sont les aspirants-mandataires, les quémandeurs de fonctions électives, qui élisent, qui choisissent leur collège électoral, autrement dit leurs électeurs.

Et, en dehors de ceux-là qui « se déclarent » et dont la déclaration est agréée par le préfet, la volonté nationale, le vote du souverain, est jeté au panier. 7,800 et quelques voix, sur 13,000, données à un *indéclaré* ou *indéclarable* ne comptent pas ; et, par un de ces miracles auprès desquels l'Immaculée Conception devient un fait scientifique, au nom de la loi des majorités, ce sont les 5.000 et quelques voix de minorité qui font loi, qui font le législateur ou l'élu.

Singulier *droit électoral* qui, d'autre part, dans toutes les circonscriptions, — près de cent l'année dernière — où une seule declaration a été effectuée, se transforme pour l'électeur en *devoir* d'élire ce candidat unique, quel qu'il soit, devenu le candidat forcé, l'élu obligatoire !

Plus singulier *droit* encore qui, dans les circonscriptions où aucune candidature ne serait déclarée (ce qui, pour ne pas s'être produit jusqu'alors, pourrait se produire demain) aboutirait à *l'exercice rendu impossible, où à la suppression, du droit lui-même.* Au nom de la loi « votez ! » Au nom d'une autre loi, non moins impérative, « défense de voter ! »

Mais, sans qu'il soit besoin de recourir à cette hypothèse extrême, est-ce qu'il ne peut pas arriver que, dans les quatre jours qui précèdent le scrutin — et pendant lesquels les déclarations ne sont plus recevables — le candidat unique vienne à mourir ou un des deux candidats d'opinions, de partis contraires ?

Dans le premier cas, c'est encore pas d'élection, alors que les électeurs sont convoqués pour élire. Dans le second, c'est l'élection par nécessité, non pas du candidat voulu par les électeurs, mais du candidat refusé par la mort.

Non, jamais et nulle part, il n'est sorti des époques les plus troublées une œuvre législative qui témoignât d'un pareil trouble des esprits.

Et en proposant à la Chambre de faire disparaître de nos codes ce monument d'absurdité et d'arbitraire, pour restituer à la nation le libre choix de ses représentants, nous avons conscience de réparer l'honneur national.

PROPOSITION DE LOI

Article unique.

La loi du 17 juillet 1889 est et demeure abrogée.

PROPOSITION DE LOI *tendant à assurer la sincérité des* **opérations électorales**, *présentée le 30 janvier 1894.*

EXPOSÉ DES MOTIFS

MESSIEURS,

La souveraineté nationale n'est jamais appelée à s'exercer par voie de scrutin sans que, lors de la vérification des pouvoirs, la Chambre soit saisie de plaintes et de protestations contre la sincérité des opérations électorales.

Pour mettre fin soit à ces fraudes — soit à des accusations qui, lors même qu'elles ne paraissent pas suffisamment établies pour faire annuler l'élection, atteignent et diminuent l'autorité des élus — divers moyens ont été préconisés, entre autres le vote sous enveloppe fermée et uniforme, dont nous sommes d'ailleurs partisans.

Mais, en attendant que cette modification et d'autres non moins nécessaires soient apportées à notre pratique électorale, il y aurait lieu, à notre avis, de chercher immédiatement dans la composition des bureaux de vote une première et importante garantie de la loyauté du scrutin.

Il suffirait d'autoriser les divers candidats à se faire représenter dans chaque bureau, de façon à exercer un contrôle permanent et réciproque qui écarterait jusqu'à l'idée d'une falsification.

Nous vous proposons donc de modifier comme suit l'article 12 du décret réglementaire du 2 février 1852 :

PROPOSITION DE LOI

Article unique.

Il pourra être adjoint au bureau de chaque collège ou section, composé d'un président, de deux assesseurs et d'un secrétaire choisi par eux parmi les électeurs, un représentant de chacun des candidats en présence.

PROPOSITION DE LOI *tendant à assurer la* **liberté des réunions électorales**, *présentée le 30 janvier 1894.*

EXPOSÉ DES MOTIFS

Messieurs,

Si les réunions publiques sont utiles en tous temps, elles deviennent indispensables en période électorale. Sans elles le suffrage universel peut être dit sans yeux. Elles sont la condition d'un vote conscient.

En mettant en contact les candidats et l'électeur, elles constituent, pour celui-ci, le principal, sinon l'unique moyen d'élire, c'est-à-dire de choisir en connaissance de cause. Et s'il était possible de les rendre obligatoires, nous estimons qu'il ne faudrait pas hésiter à entrer dans cette voie.

Les réunions électorales sont tellement inséparables de l'élection elle-même qu'en plein Empire autoritaire, alors que toute liberté de réunion était proscrite, elles ont dû être autorisées.

S'inspirant de cette nécessité, la loi du 30 juin 1881 leur a accordé un traitement de faveur. Elle a réduit de 24 heures à 2 le temps qui devra s'écouler entre la déclaration et la tenue de la réunion ; elle a même dans certains cas supprimé tout délai.

Mais la déclaration est restée obligatoire, qui « doit être signée par deux personnes au moins, dont l'une domiciliée dans la commune ». Et cette dernière formalité suffit à rendre toute réunion impossible dans nombre de communes, soit que le candidat n'y connaisse personne, soit qu'il ne s'y rencontre aucun citoyen assez indépendant pour donner sa signature.

D'autre part, nos communes sont loin de posséder toutes des locaux clos et couverts, tels que l'exige la loi. Là même où ces locaux existent, il n'est pas rare de les voir refuser à tel ou tel candidat par leurs propriétaires hostiles ou intimidés. Ce qui aboutit encore à l'annulation du droit de réunion au moment où il devient un véritable devoir social.

Nous croyons donc que, pour le bon exercice et la manifestation éclairée de la souveraineté nationale, il y a lieu — en attendant que la liberté de réunion ait été instituée sur sa véritable et unique base : la suppression de toute loi non seulement contre, mais sur les réunions, — de décider d'ores et déjà :

1° Que les réunions électorales pourront être tenues sur la seule déclaration du candidat ou de son fondé de pouvoirs ;

2° Que ces réunions ne seront soumises à aucune condition de lieu.

Et nous vous demandons, à cet effet, de voter la proposition de loi ci-dessous :

PROPOSITION DE LOI

Article unique.

L'article 2 de la loi du 30 juin 1881, paragraphe 1er, est ainsi complété : « Pour les réunions publiques électorales prévues à l'article 5, la signature du candidat ou de son mandataire suffit. »

L'article 5 de la même loi, portant que « les réunions ne peuvent être tenues sur la voie publique », n'est pas applicable aux réunions électorales.

PROPOSITION DE LOI *tendant à réintégrer l'***armée** *nationale dans la nation en lui rendant l'exercice du* **droit de vote,** *présentée le 8 mars 1894.*

EXPOSÉ DES MOTIFS

MESSIEURS,

Depuis 1872, les militaires en activité ont été tenus hors du scrutin.

Un jour viendra, s'il n'est déjà venu, où il n'y aura personne pour comprendre que le seul fait d'être appelé à servir le pays ait pu vous transformer en étranger dans ce même pays. L'exercice des droits civiques supprimé par l'accomplissement du premier des devoirs civiques, celui de défendre la cité ou la patrie ? Quelle contradiction, pour ne pas dire quelle aberration !

La loi électorale, la loi des lois, celle qui, mettant en mouvement la souveraineté nationale, est, sous la République, l'unique source de tous les pouvoirs, porte formellement : « Sont électeurs tous les citoyens français âgés de vingt et un ans ». Et une autre loi, fille de la première, la loi militaire, intervient pour enlever leur qualité d'électeur, leur droit de vote, à qui ? A ceux-là mêmes qui sont requis, dont la liberté et la vie sont réclamées dans l'intérêt, pour le salut général. Et ceux-là sont, ou devraient être, depuis l'introduction du service personnel, tous les Français valides de vingt et un à vingt-trois ans.

Pourquoi alors ne pas décider que la majorité politique ne commencera qu'à vingt-quatre ans ? Ce serait moins inique que de constituer ainsi l'électorat pendant trois années à l'état de privilège au profit, soit des infirmes, soit des exemptés de l'impôt du sang.

Cette inqualifiable façon d'exclure de toute participation au gouvernement du pays les citoyens chargés d'assurer le sécurité du pays et destinés à payer à l'occasion les fautes de son gouvernement, eût paru le comble de la démence à Rome et en Grèce, alors que — et avec juste raison — il fallait être citoyen, et citoyen actif, pour avoir le droit de porter les armes.

Impossible à justifier en théorie, cette incapacité politique, étendue à des centaines de mille hommes, n'est pas plus défendable dans la pratique. On a objecté, il est vrai, que laisser le vote aux militaires sous les drapeaux, ce serait, en introduisant la politique dans l'armée, organiser des prétoriens, préparer des coups d'État.

Mais l'expérience conclut dans un sens diamétralement opposé. L'armée typique ou classique des *pronunciamiento*, où la trouvons-nous ? En Espagne, dans l'Espagne d'avant tout suffrage, et dans laquelle par suite, puisqu'il n'y avait pas de scrutin, le soldat ne scrutinait pas, ne pouvait pas scrutiner.

Où, au contraire, rencontrons-nous l'armée la plus respectueuse de la loi, la plus adéquate à son rôle de défense nationale ? n'est-ce pas en Suisse ? Et dans la République helvétique, le soldat, resté citoyen, ne cesse jamais d'être électeur.

Qu'en régime monarchique, alors que les soldats, — recrutés parfois à l'étranger, — sont considérés comme une sorte de garde particulière du Roi ou de l'Empereur qui dit et peut dire : « Mon armée », le suffrage militaire ne fonctionne pas, c'est dans l'ordre. Mais dans la France de 1894, sous la République, quand l'armée, — on le proclame du moins, — c'est la nation se protégeant elle-même, protégeant son sol et sa souveraineté, vouloir qu'à se défendre la nation perde son droit de se gouverner, voilà qui dépasse les bornes.

Il y a là, en même temps qu'une injure à des milliers des nôtres assimilés à des indigènes, frappés de mort civile, un véritable crime de lèse-nation.

Au nom de nos frères de l'armée traités en ilotes, au nom du suffrage universel mutilé, nous protestons, nous devons protester, et nous demandons à la Chambre de se joindre à nous pour réintégrer l'armée nationale dans la nation en lui rendant l'exercice des droits politiques.

PROPOSITION DE LOI

Article premier.

Est abrogé l'article 9 de la loi du 15 juillet 1889.

Art. 2.

Une loi spéciale déterminera dans quelles conditions les militaires et assimilés de tous grades et de toutes armes pourront prendre part au vote.

PROPOSITION DE LOI *tendant à* **introduire**, *avec les militaires non gradés,* **la justice** *dans les* **tribunaux militaires**, *présentée le 8 février 1894.*

EXPOSÉ DES MOTIFS

Messieurs,

Le Code militaire, comme le Code civil qui date du siècle dernier, appartient à un état de choses depuis longtemps disparu. A l'*armée-métier* a succédé *l'armée-fonction*, qui, embrassant aujourd'hui toute la nation, appelle et exige une autre législation.

Trop souvent ce code d'antan donne lieu à des scandales, contre lesquels s'élèvent et le sentiment public et jusqu'à des officiers généraux.

Il doit être revisé, approprié aux conditions nouvelles sorties du service personnel et obligatoire pour tous.

Mais, en attendant que nous vous soumettions une proposition de loi à cet effet, nous avons la conviction de répondre à un besoin supérieur de justice en demandant que soit modifié le personnel chargé d'appliquer les dispositions — draconiennes — encore en vigueur.

Les lois et décrets qui constituent et régissent les conseils de guerre ne les composent que d'officiers ou de sous-officiers, bien que ce soient les simples soldats ou les « hommes », comme on dit couramment, qui fassent en immense majorité les frais de cette juridiction spéciale, — le plus souvent pour offense à ces mêmes officiers ou sous-officiers, à la fois juges et parties.

Il suffit de signaler cette situation pour établir ce qu'elle a d'anormal et ce qu'il y a d'urgent à la faire cesser.

La justice ainsi entendue et pratiquée prend un air de vengeance personnelle, qui ne laisse place à aucune idée et autorité de justice.

Ce qu'il faut, c'est introduire dans la composition des conseils de guerre l'élément non gradé. Représentés dans les tribunaux dont ils relèvent, les soldats, nos fils, trouveront dans cette présence de leurs pairs les garanties qui leur manquent à l'heure présente et que leur assurait la loi de l'an III. Les *Conseils militaires*, tels qu'ils étaient composés alors, comprenaient, en effet, *trois soldats* à côté de trois sous-officiers et de trois officiers.

La proposition de loi que nous invitons la Chambre à voter a donc pour elle la Révolution de 1789, que l'on invoque actuellement à tout propos — et même hors de propos.

PROPOSITION DE LOI

Article premier.

Tout conseil de guerre devra désormais comprendre deux militaires non gradés.

Art. 2.

Ces juges soldats seront tirés au sort sur une liste dressée chaque année, à raison de deux par compagnie, par les corps de troupe formant la division ou la subdivision militaire.

PROPOSITION DE LOI *tendant à mettre à la charge de la nation, représentée par les communes, les départements et l'État, les* **familles des réservistes et des territoriaux** *pendant les périodes dites des vingt-huit jours et des treize jours, présentée le 8 mars 1894.*

Messieurs,

Serait-il possible, comme quelques-uns l'ont prétendu, sans nuire à la défense nationale, de supprimer les périodes de manœuvres ou d'exercices auxquelles sont assujettis les hommes de la réserve et de l'armée territoriale? C'est ce que nous ne voulons pas examiner, au moins pour l'instant. Mais aussi longtemps que sera maintenu en vigueur l'article 49 de la loi de juillet 1889 qui enlève à leur travail pour deux fois vingt-huit jours et pour une fois treize jours les militaires ayant accompli leurs trois années de service actif, il nous paraît impossible que la nation qui leur impose ce sacrifice se désintéresse de leurs familles. En leur prenant leur temps — qui est pour la plupart leur seul gagne-pain — elle se doit d'assurer l'existence de la femme et des enfants. Il y a là un devoir strict que nous nous permettons de rappeler à la Chambre pour qu'elle avise au plus tôt à le remplir en votant la proposition de loi qui suit.

PROPOSITION DE LOI

Article premier.

Les familles des vingt-huit jours et des treize jours sont, pendant ces périodes de manœuvres ou d'exercices, à la charge de la nation.

Art. 2.

Sur la simple déclaration du réserviste ou du territorial rappelé sous les drapeaux, il sera alloué 2 francs par jour à la femme et 1 franc par enfant.

Art. 3.

Ces dépenses seront couvertes, moitié par la commune, un quart par le département et un quart par l'État.

PROPOSITION DE LOI *tendant à faire bénéficier de la* **franchise postale** *les militaires sous les drapeaux, jusques et y compris les adjudants, présentée le 8 février 1894.*

EXPOSÉ DES MOTIFS

Messieurs,

Autant les socialistes sont opposés à l'*armée-institution*, que, dans l'intérêt de la défense nationale et des libertés publiques, ils voudraient remplacer par l'armement général du peuple, autant toutes leurs sympathies sont acquises à l'*armée-personnel*, c'est-à-dire aux jeunes hommes par centaines de mille, nos fils et nos frères, arrachés, pour des années, à leur famille et à leur travail.

La patrie, au nom de laquelle on leur prend les plus belles années de leur vie, se doit à elle-même de rendre la moins douloureuse possible cette séparation d'avec tout ce qui leur est cher.

Pour ceux qui partent comme pour ceux et celles qui restent, il y a lieu de faciliter, de multiplier les rapports entre les familles décimées et leurs membres retenus au loin par le service.

Il le faut d'autant plus que le fils, en rejoignant son corps, laisse souvent la misère au foyer et que son prêt quotidien suffit à peine à ses propres besoins.

A ces divers titres, nous croyons que la Chambre ne saurait se refuser à voter la gratuité de la correspondance échangée entre les soldats, caporaux, sergents, adjudants et leurs familles.

PROPOSITION DE LOI

Article unique.

La franchise postale est accordée aux militaires sous les drapeaux, jusques et y compris les adjudants.

TABLE DES MATIÈRES

Imp. spéciale de la librairie G. Jacques et Cie, 1, r. Casimir-Delavigne, Paris

www.ingramcontent.com/pod-product-compliance
Ingram Content Group UK Ltd.
Pitfield, Milton Keynes, MK11 3LW, UK
UKHW012203240726
13966UKWH00002B/536